„Ich schwöre es!"

Unter der Fahne des ersten Napoleon

Jugendgeschichte des Hunsrücker Dorfschullehrers Johann Jakob Röhrig, von ihm selbst erzählt

Engelskirchen

2008

Bibliografische Information der Deutschen Nationalbibliothek:
Die Deutsche Nationalbibliothek verzeichnet diese Publikation in der Deutschen Nationalbibliographie; detaillierte bibliografische Daten sind im Internet unter http://dnb.d-nb.de abrufbar

Gebundene Ausgabe 03/2008

Printed in Germany
Herstellung und Verlag: Books on Demand GmbH D-22848 Norderstedt
AMon 00011
ISBN 978-3-940980-10-6
http: // www.FachverlagAMon.de

Einleitung

Unser Buch enthält die Jugendgeschichte eines Hunsrücker Dorfschullehrers, die er in seinem Alter aufgezeichnet hat. Sie führt 100 Jahre zurück und zeigt bedeutsame kultur- und kriegsgeschichtliche Bilder, die ein klares Auge, ein scharfer Kopf, eine künstlerische Hand gezeichnet hat. Alles ist Wahrheit, nicht Dichtung.

Freilich schildert der Selbstbiograph seine Erlebnisse, seine Schulerfahrungen, die Teilnahme an den großen Schlachten bei Möckern, an der Katzbach, bei Leipzig von seinem subjektiven Standpunkt aus. Aber gerade darum tragen sie den Stempel der Wirklichkeit und Natürlichkeit.

In Kleinigkeiten mag er sich irren. Im Großen und Ganzen garantiert seine gute Beobachtungsgabe für die Richtigkeit seiner Schilderungen.

Der Herausgeber hat, um der Urwüchsigkeit der Gedanken und des Stiles nicht zu schaden, nur die notwendigsten formellen Änderungen vorgenommen. Kräftige Ausdrücke, hässliche Erlebnisse möge man der Zeit zugute halten, die uns um so dankbarer die Errungenschaften unserer Tage erkennen lässt. Unser Buch schildert die deutsche Treue, die einer dem großen Kaiser der Franzosen geschworen und gehalten hat. Er hat, als die meisten Rheinländer, durch Hunger und Elend getrieben, der französischen Fahne den Rücken kehrten, seinen Kaiser nicht verlassen.

Unser Buch atmet endlich eine gesunde Frömmigkeit, die in schweren Tagen ihre wunderbare Kraft bewährt hat. So lenkt es nicht bloß den Blick rückwärts, sondern es zeigt die Quellen der Kraft, die wir brauchen, wenn wieder einmal ernste Zeiten kommen, wie sie Deutschland vor 100 Jahren gesehen hat.

Potsdam im Jahre 1906

Karl Röhrig
Pfarrer und Enkel des Schriftstellers

Vorwort zur Auflage 2008

Das vorliegende Buch wurde letztmalig im Vorfeld der großen Jahrhundertfeiern im Jahre 1906 veröffentlicht. Wie kein anderes Werk zeigt es die Menschen im ausklingenden 18. und zu Beginn des 19.Jahrhunderts, wie sie im Grenzland zwischen dem revolutionären Frankreich, mit all seinen bahnbrechenden Umwälzungen und Entwicklungen, und den althergebrachten Kleinstaaten des Heiligen Römischen Reiches Deutscher Nation lebten, dachten und dann danach handelten.

Der Autor selbst konnte durch seine Nähe zu dem Präfekten des Departements Rhein und Mosel etwas von diesen Umwälzungen atmen, die ihn letztlich zu einem glühenden Verehrer Napoleons machten und der, selbst als alle anderen schon auf die Befreiung durch die Alliierten warteten, nochmals loszog um seinem Diensteid auf dem kaiserlichen Adler treu zu bleiben. Das Interessante dabei ist auch, dass die auf preußisch/ deutscher Seite so genannten Befreiungskriege hier einmal von der anderen Seite dargestellt werden.

Der Text wurde in eine aktuelle Schriftform gebracht, wo es nötig schien wurden erklärende Fußnoten zugefügt und in der Anlage befindet sich eine kurze Zusammenfassung der Geschichte des 150.Linieninfanterie-Regiments, in dem Deutsche aus den rheinischen Provinzen Frankreichs in der Uniform des Kaisers Napoleon auf deutschem Boden gegen ihre Landsmänner gekämpft haben.

Engelskirchen, im Mai 2008

Der Verleger

1.Kapitel

Die Heimat und der Beruf

Da, wo sich der Hunsrück von allen Seiten nach einem Punkte hin abdacht und gleichsam einen Kessel bildet, steht auf einem Felsvorsprung eine durch ihr Alter und ihre Merkwürdigkeiten ehrwürdige Kirche, welche ihren Turm zu einer beträchtlichen Höhe in das Blau der Luft erhebt. Um diese Kirche liegt in einem Halbzirkel ein freundliches Städtchen, eine ehemalige Residenz, deren Einwohner größtenteils Hantierungsleute sind, die sich recht gut darauf verstehen, wie man dem Bauern den Silbergroschen aus der Tasche entlockt. Es soll hier gesagt sein, dass es Betrüger oder Preller sind, denn das ist so ein Geschäftsvorteil.

Es wohnen aber auch viele darin, die man zu dem weisen Salomon und zwar an dessen Sprüche Kapitel 6, Vers 6 - 11 weisen könnte, wo es heißt: „Gehe hin, Du Fauler, zur Ameise, siehe ihre Weise an und lerne. Ob sie wohl keinen Fürsten, noch Hauptmann, noch Herren hat, bereitet sie doch ihr Brot im Sommer und sammelt ihre Speise in der Ernte. Wie lange liegst Du, Fauler? Wann willst Du aufstehen von Deinem Schlafe? Ja, schlafe noch ein wenig, schlummere ein wenig, schlage die Hände ineinander ein wenig, dass Du schlafest; so wird Dich die Armut übereilen wie ein Fußgänger und der Mangel wie ein gewappneter Mann."

Oh, wie manchem würden diese Worte bei einer sorgfältigen Benutzung sehr heilsam sein!

Unterhalb dieses Städtchens - es ist die Hauptstadt des Hunsrücks, Simmern - mündet ein von einem Bache durchschlängeltes, fruchtbares Tal, welches schon mancher Fremde, der es durchwanderte, den Rheingau dieser Hochebene nannte.

In diesem Tale in Neuerkirch wurde ich am 13.April 1787 geboren. Meine gute Mutter entriss mir der Tod leider zu früh, indem ich kaum acht Jahre zählte. Mein Vater war „Schulmeister", wie es dazumal in schlichtem Tone hieß, jetzt aber anders betitelt wird. Alle Titel kann man freilich auch als Luxus betrachten und aller Luxus ist seit dieser Zeit gestiegen, ja, in Ansehung der Kleiderpracht und der Lebensbedürfnisse, über die Grenze geschritten.

Unser Dörfchen zählte 25 Häuser, von welchen 18 diesseits und 7 jenseits des Baches lagen. Die größere Seite war kurpfälzisch und reformiert, die kleinere zweibrückisch und lutherisch. Jene hatten Kirche und Schule im Ort. Diese ging eine halbe Stunde weit zur Kirche und zur Schule.

Die Leute infolge dieser zweifachen Trennung auch kein Bedürfnis, miteinander zu verkehren. Sie vermischten sich nicht durch Heirat und hielten das Trennende in Handel und Wandel krampfhaft fest. Selbst den trennenden Bach hatten sie nur notdürftig überbrückt.

Die Jugend aber der beiden Seiten stand in fortwährender Urfehde und warf sich von Zeit zu Zeit unter dem Feldgeschrei: „Lutherischer Dickkopf!" und „Calvinistischer Spitzkopf!" über den Bach mit Steinen die Köpfe blutig.

Um eins nur beneidete die kurpfälzische Seite die zweibrückische. Diese hatte nämlich das Privilegium, für ihren Fürsten zwei große Hetzhunde halten zu dürfen, deren er sich bei etwaigen Besuchen seines Landes auf der Jagd bediente.

Hier möchte ich einen kleinen Abstecher machen oder etwas aus dem Geleise abspringen, um das Schulmeisterleben aus früherer Zeit ein wenig näher zu beschreiben, freilich nur, was die Kurpfalz betrifft. Übrigens war es im Trierschen und Badenschen, wie ich denke, ebenso.

Bei Kurpfalz nun, wenn einer oder der andere seinen Katechismus gut lernte und die Buchstaben ziemlich gut malen konnte und besonders noch eine starke Stimme zum Singen hatte, wurde er zum Schulmeister gestempelt. Er lernte sofort das Schneiderhandwerk, trug kurze Beinkleider und einen großen dreieckigen Hut und nun hieß es allgemein: Der ist gelehrt, und wie kann der singen.

Jetzt ging er nach Heidelberg, um das Examen zu bestehen. Bei seiner Ankunft war die erste Frage: „Kannst Du ein Handwerk?"

War nun die Antwort: „Zu dienen, ein Schneider mit Gunst", und war er überdies durch jemand von hier aus, der ein Vetterchen oben hatte, rekommandiert worden, so war es schon so gut wie gewonnen.

Der Aspirant ging nun zum Schreib- und Rechenmeister, zum Organisten und Kantor, zahlte jedem einen Sechsbätzner und bekam von jedem ein Attest, mit welchem er zum geistlichen Administrationsrate ging. Der gab ihm noch eine Frage aus dem Katechismus auf, die er nun ohne Betonung, und ohne auf die Interpunktion zu achten, herunterorgelte, und: das Examen war gemacht.

Was waren nun aber seine Kenntnisse? Du lieber Himmel! Sehr notdürftig Schönschreiben; richtig schreiben, daran war nicht zu denken; im Rechnen die vier Spezies in unbenannten Zahlen; und das wussten nicht alle vollkommen. Mehrere dergleichen habe ich persönlich gekannt. Das Singen bestand in einem gehackten Schreien mit geschleiften Terzen, Quarten und Quinten. Doch es gab auch mitunter Ausnahmen. Wie nun die Kenntnisse, so war auch die Besoldung, nämlich: spärlich und ärmlich. Die besseren bestanden in 9 Malter Korn und 10 bis 15 Gulden Geld, 5 bis 8 Malter Hafer und von jedem Kinde 8 Silbergroschen 4 Pfennig Schulgeld.

Was die Schulpflichtigkeit der Kinder anbelangt, so waren dabei keine Grenzen gesetzt. Der Vater schickte sein Kind, wenn es ihm gefällig war, manchmal nach vollendetem siebenten, meistenteils aber nach vollendetem achten Lebensjahre. Auch dauerte das Schulhalten nur von Martini[1] bis Ostern. Hatte der Schulmeister noch die Kirchenuhr aufzuziehen, so hatte er auch noch gewöhnlich einen Acker, auch einen Wagen Heu. Gott sei Dank, dass es in beiden Stücken besser geworden ist!

Im Jahre 1790 supplizierte[2] mein Vater um eine Unterstützung und erhielt von Heidelberg aus folgenden Bescheid:

> *„Supplikanten wird hiermit eröffnet, dass eine Hochwürdige Geistliche Administration sich bewogen gefunden, seiner Bitte zu willfahren, und weist denselben hiermit an, bei der Schaffnerei Closterchumbd einen Malter Hafer in Empfang zu nehmen.*
>
> *Heidelberg, den 16. Hornung 1790."*[3]

Dabei muss hier in Erwägung gezogen werden, dass der Preis des Hafers zur selben Zeit 20 bis 25 Silbergroschen per Malter gewesen ist, und dass mein Vater auch noch das Porto bezahlen musste, das bekanntlich höher war als gegenwärtig.

Später, als uns das von so vielen Menschen so sehnlich erwartete Glück zuteil wurde, unter die französische Freiheitsmütze zu kommen, da hörte diese vorher beschriebene, von der geistliche Administration bezogene Besoldung auf, und der Schulmeister nahm um Martini seinen Sack auf die Schulter und ging von Haus zu Haus, und jeder gab nach Belieben, denn es war ja Freiheit!

Als die Stürme der Revolution vorüber waren, nämlich um das Jahr 1800, wurde es zwar etwas besser, indem die Besoldung wieder hergestellt wurde, freilich doch noch spärlich genug, denn der Bauer, der sie geben musste, hatte sich auch zu bestimmen. Da lässt sich nun leicht denken, dass dieselbe nicht reichlich ausfiel.

Mein Vater war nun, wie schon gesagt, auch so ein Schulmeister, doch einer von den besseren. Er hatte in dem Städtchen die lateinische Schule besucht, wusste daher ziemlich orthografisch zu schreiben und war ein tüchti-

---

[1] Martini - (lat.) Der Tag des heiligen Martin. Abgeleitete Bezeichnung für den Festtag des Heiligen am 11.November im liturgischen Kalender

[2] supplizieren - (veraltet) ein Bittgesuch einreichen

[3] Hornung - (veraltet) Bezeichnung für den Monat Februar, hier: 16. Februar 1790

ger Rechner. Schwere Denk- und Rätselaufgaben bildeten seine besondere Stärke. Auch in der Dichtkunst versuchte er sich. Da er aber kein Schneider war oder sonst irgendein Handwerk erlernt hatte, so arbeitete er im Sommer im Tagelohn und zwar größtenteils bei dem Prediger, den Tag für 3 Batzen. Und anstatt dass ein anderer während der Schule schneidert oder drechselt, strickte er, was er aus dem Effeff heraus verstand. Er strickte für die Frauenzimmer in der Umgegend die durchlöcherten Handschuhe und für die Mannspersonen die Stauchen mit Fransen; auch häkelte er Handschuhe. Der Unterrichtsraum war Werkstätte, Wohnzimmer der Familie und Schulsaal zugleich.

So stand meine Wiege mitten unter der lernenden und lärmenden Jugend, und ich sog die Lehren der Weisheit schon mit der Muttermilch ein. Für meine gute Mutter aber hatte diese Einrichtung den Vorteil, dass für mich und meine nachfolgenden Geschwister in den Schulmädchen stets Kindermädchen zu Gebote standen.

Als Schuleinrichtung waren einige Tische vorhanden, die im Sommer leicht abgeschlagen und in die Ecke gestellt werden konnten. Die Schüler saßen an denselben einander so gegenüber, dass die Mädchen dem Schulmeister, der mit seiner Arbeit am Werktisch saß, den Rücken drehten, die unartigen Buben aber vor seinen Augen saßen. Die Unterrichtsweise war so urwüchsig wie die Einrichtung.

Den Anfang der Vormittagsunterrichtes bildete das „Katechismusbeten". Ihm folgte das Rechnen, dann das Lesen. Kind um Kind trat an den Tisch des Lehrers heran, um seine Lektionen herunterzuleiern oder sein Exempel vorzuzeigen. Gab es eine Stockung, so wurde mit der Birkenrute nachgeholfen. Am Nachmittag wurden Buchstaben gemalt, aus dem Neuen Testament gelesen und auch bisweilen gesungen. Das war der ganze Unterricht.

Doch ich denke, ich habe mich zu weit verirrt, will daher das verlassene Gleis wieder aufsuchen und auf ihm weitergehen.

Da sich nun in mir eine gute Gedächtniskraft zu entwickeln schien, so wurde ich auch von meinem Vater zum Schulmeister bestimmt. Ich kam daher in meinem 14.Lebensjahre zu einem alten Schulmeister, der ein guter Organist war, in die Lehre und zu einem Bauer in Kost und Logis. Butter und Brot brachte ich jeden Montag für die Woche von Hause mit. Mein Buttertöpfchen wurde aber, wie es jetzt meinem Paket Tabak geht, schon ehe die Woche zu Ende ging, leer, weil die Frau im Hause mir fleißig daran half. Die Milch bekam ich so eingebrockt, wie es der Fuchs dem Storch tat, nämlich auf einem flachen zinnernen Teller. Ich musste Hunger leiden, und da es sich bei einem zu leeren Magen nicht gut studieren lässt, so kam ich wieder zu meinem Vater.

Übrigens verstand mein Lehrmeister auch, seine musikalischen Kenntnisse ausgenommen, blitzwenig und ich hatte daher für meine sechs Krontaler sozusagen nichts gelernt.

Jetzt ging ich jeden Morgen nach dem Städtchen zu dem Kantor, um den Choral spielen zu lernen. In den übrigen Gegenständen erhielt ich durch meinen Vater Unterricht. Im Jahre 1802 bestand ich das Examen bei dem Lokalkonsistorium im Städtchen, wo freilich nicht so ins Weite geprüft wurde wie gegenwärtig. Dass ich damals nicht mehr wusste als ein Schüler der zweiten Abteilung der oberen Klasse, dies gestehe ich recht gerne ein. Von da an hielt ich Winterschule, wie es hieß, erhielt an Lohn 14 Gulden und ging im Dorfe um essen, das heißt ich aß jeden Tag in einem anderen Hause, bis die Reihe um war und ich wieder von vorne anfing. Morgens gab es Hafermehlbrei in einem eisernen Kochtopf, aus dem die ganze Familie taktmäßig löffelte. Mittags hatte ich das Vergnügen, oft acht Tage lang gelbe oder weiße Rüben, süßen oder sauren Kappes, Erbsen oder Linsen, je nach der Jahreszeit, zu genießen. Das feststehende Abendessen war „Kartoffeln in der Montur". Weil nun die Schule um Ostern ein Ende hatte, so arbeitete ich im Sommer im Tagelohn.

2.Kapitel
Auf der Normalschule in Koblenz

Im Jahre 1808 wurde durch den Oberpräfekten Lezay de Marnesia, der noch in den Herzen derer, die ihn kannten, in ehrenvollem Andenken fortlebt, bei dem Gymnasium in Koblenz eine Normalschule zur Fortbildung und Ausbildung der Schullehrer und Schulaspiranten und besonders zur Erlernung der französischen Sprache errichtet, in welcher Schule nicht nur 20 Aspiranten, sondern auch an 100 schon angestellte Schullehrer nebst Unterricht auch Tisch, Wohnung und Schreibmaterial unentgeltlich erhielten. Er wurde nämlich alles aus der Departementalkasse bezahlt und diese hatte ihre Quellen teils in den Steuern, teils in den Gemeindekassen.

Pfarrer Paniel in Simmern, Segen seiner Asche!, der mich sehr gut zu leiden hatte und bei dem ich die französische Sprache bis zu den Zeitwörtern erlernte, kam zu mir und schlug mir vor, auch in diese Schule zu gehen, was mir ganz wohl behagte, denn immer weiter zu kommen, war mein Streben, und hier hatte man die Gelegenheit nicht dazu.

Weil aber schon einer aus der Mairie dahin abgegangen war, so machte der Maire[4] Einwendungen dagegen. Ich musste mithin fürs erste Jahr auf meine Kosten hingehen. Pfarrer Paniel nahm einstweilen das Geld im Städtchen auf, nämlich 108 Franc für Kost und 100 Franc zum Taschengelde.

Meinen Büchsensack in der Seite und das Geld in der Tasche, bekleidet mit einem blautuchenen Wämschen mit Bockenauer Metallknöpfen, einem Paar dergleichen Hosen, Schuhen mit Schnallen und die Haare nach altem Schnitte, das heißt über den Wamskragen herabhängend, wanderte ich nun der Departementalstadt Koblenz[5] zu, in der frohen Hoffnung, da recht vieles zu lernen.

Daselbst angekommen, nahm ich mein Absteigequartier bei der Witwe Fries im jetzigen „Hunsrücker Hofe". Nachdem ich mich ein wenig erholt und in Speise und Trank erquickt hatte, wanderte ich mit klopfendem Herzen dem Jesuitengebäude zu und fand dort zu meinem größten Vergnügen mehrere Bekannte. Ich ging sofort zum Direktor der Schule, mit Namen Simon, der ein alter ehrwürdiger Mann war; früher war er Jesuit, aber ein heller, freidenkender Kopf und ein ausgezeichneter Mathematiker. Dieser verstand sich besonders darauf, den inneren Menschen in der Physiognomie, den Gesichtszügen, genau herauszufinden. Er visitierte mich *comme il faut*[6] und zwar mit niedergezogenen Augenbrauen. Ich zitterte und das Herz klopfte hörbar in meiner Brust, warum, weiß ich nicht. Darauf gab ich ihm die 108 Franc für Kostgeld und er gab mir Papier und Feder. Sodann führte er mich in das Zimmer, wo die Betten standen und zwar 20 an der Zahl. Hier

[4] Mairie, Maire - (franz.) Gemeinde, Gemeindevorsteher, bzw. Bürgermeister

[5] Am 23.Januar 1798 erfolgte von Mainz aus der grundlegende Beschluss, wonach die durch Frankreich im 1.Koalitionskrieg besetzten Gebiete des linken Rheinufers in vier Departements geteilt wurden, welche nach dem französischen Vorbild ihre Namen von geographischen Begriffen, wie Flüsse und Berge, erhielten. Die vier Departements sind: 1.Departement *de la Roer*, Hauptort Aachen. 2.Departement *de la Sarre*, Hauptort Trier. 3.Departement *de Rhin et Moselle* Hauptort Koblenz. 4.Departement *du Mont Tonnerre*, Hauptort Mainz.
Die Departements waren in Kantone eingeteilt; das Roer-Departement zählte 46, das Saar-Departement 31, das Rhein- und Mosel-Departement 31, das vierte 37 Kantone. Die einzelnen Kantone des Departement *Rhin et Moselle* waren: Andernach, Boppard, Koblenz, Cochem, Kaisersesch, Lutzerath, Mayen, Münstermaifeld, Ploch, Rübenach, Treib, Zell, Adenau, Ahrweiler, Bonn-Stadt, Bonn-Land, Remagen, Rheinbach, Ulmen, Birneburg, Wehr, Bacharach, Kastellaun, Kreuznach, Kirchberg, Kien, St.Goar, Simmern, Sobernheim, Stromberg und Trarbach.

[6] *comme il faut* - (fran.) wie es sich gehört, mustergültig, vorbildlich

kam ich zu den schon angestellten Lehrern und wurde Bettkamerad von Petri aus Hirschwiesen. Wir waren nun unser 108 an der Zahl und erhielten das Essen ein Teil in der Weisergasse und die anderen in der Kastorstraße, die Aspiranten aber im Schulgebäu-de, wo ihnen die Schwester der Direktors dasselbe verabreichte.

Der Unreinlichkeit wegen konnten wir nicht lange in diesen Metzgershäusern bleiben und die eben genannte Mademoiselle unterzog sich nun, auch uns, etliche 50, zu den Aspiranten zu nehmen; später kamen die übrigen auch noch hinzu. Da fanden wir nun gute Tafel, nicht nur reinlich, sondern auch reichlich. Zum Frühstück erhielten wir ein Stück Weißbrot, zu Mittag Suppe, Gemüse und Rindfleisch, Donnerstags und Sonntags auch Beilage, das heißt Schweinefleisch oder Braten. Abends Salat und Braten oder kaltes Rindfleisch. Die Portionen wurden schon in der Küche abgeteilt.

Wir hatten eine Menge Unterrichtsgegenstände, zum Beispiel:

1. französische Sprache, von Mathiowitz;
2. deutsche Sprache und Schönschreiben, von Fürth;
3. Geographie und Naturgeschichte, von Mayer;
4. Mathematik, von Direktor Simon;
5. praktische Geometrie, von Christ;
6. Zeichnen, von Zick;
7. Experimentalphysik, von Pater Killinger;
8. peinliche Gerichtssachen, von Präsident Günther;
9. Notarsachen, von Grebel;
10. über die Obstbaumzucht, theoretisch, von Tippel;
11. über die Obstbaumzucht, praktisch, von Hofgärtner Lenné;
12. über die Schulmeisterkunst, von Arnold;
13. über die Verwaltung des Reiches, von Präfekturrat Simon.

Der Direktor hatte mich sehr gut zu leiden und übertrug mir bald, das Frühstück auszuteilen oder die langen Weißbrote in Stücke zu zerschneiden. Hierdurch kam ich in die Küche, neben welcher der Direktor sein Wohnstübchen hatte, aber ich kam auch in nähere Berührung mit seiner Schwester. Ich wurde nun öfters eingeladen, des Abends beim Gemüseputzen behilflich zu sein, was ich auch, wenn ich meine Schularbeiten gemacht hatte, recht gerne tat. So saßen wir, der Direktor, seine Schwester und ich, manchmal bis spät in den Abend zusammen und leerten einen oder auch mehrere Krüge Zeltinger. Dadurch wurde ich nun nach und nach ganz heimisch in diesem Stübchen. Ich erhielt neue Eindrücke und tat einen Blick in die Welt der Gebildeten, die mir bisher fremd war.

Eines Abends sagte der Direktor zur mir: „Zwar machen nicht Kleider Leute, aber Du musst Dir doch die Haare *à la mode* schneiden lassen."

Und zu seiner Schwester sagte er: „Du nimmst einen meiner grauen Röcke und eine Weste und gehst morgen früh mit Röhrig zum Schneider Maurer, der soll ihm einen Frack und eine Weste daraus fertigen, den Macherlohn zahle ich; und er lässt sich das Maß zu einem Paar Stiefel nehmen, die zahlt er; und Du kaufst ihm aus Deiner Sparbüchse einen Hut, damit er nicht so ausgezeichnet einhergeht."

Am nächsten Sonntag schon war ich stattlich gekleidet und bildete mir nicht wenig ein. Ich stellte mich feierlichst im Stübchen vor und wir alle mussten recht herzlich lachen.

Aber wie ging es denn weiter in der Schule? Im Französischen gab es kleine Fortschritte, indem unser Professor nach der Grammatik von Mosin unterrichtete und das ganze liebe Jahr hindurch von nichts anderem sprach als von *sujet* und *objet*, von *regime directe* und *regime indirecte*, wovon wir alle kein Wörtchen verstanden. Meinerseits benutzte ich diese Zeit, um mir die Konjugationen und eine Menge Wörter einzupfropfen.

Im darauf folgenden Jahre erhielten wir einen Professor mit Namen de Barst, einen Emigranten, der verstand es aber, seinen Schülern die Regeln begreiflich zu machen. Die Regeln, die er gab, waren kurz, kernhaft und für jeden verständlich. Dadurch gab es nun reißende Fortschritte, jeder bekam auch jetzt Eifer und Lust, weil er es fühlte, dass er weiter kam.

Nach Verlauf eines halben Jahres konnte ich alles, was mir auch deutsch vorgelegt wurde, ins Französische übersetzen. Freilich wurde hier und da noch ein Bock geschossen, aber im Ganzen ging es doch gut. - Was das Sprechen betraf, so hatten wir einen Kartenbrief, ich glaube einen Herzachter - gespielt mit Karten wurde zwar bei uns nicht - , auf diesem Briefe stand geschrieben: *il est defendu à parler allemand*[7]. Sprach einer oder der andere deutsch, so überreichte ihm derjenige, der den Kartenbrief hatte, denselben, ohne dass es ein anderer merkte. Wer nun mittags, wenn das Tischglöckchen bimmelte, dieses Kartenbrief hatte, bekam am anderen Morgen kein Frühstück. Da hieß es: Aufgepasst!

Was das Rechnen betraf, so ging es da auch rasch vorwärts, denn so fasslich wie der Direktor vortrug, lehrte keiner von allen Professoren, und da das Rechnen mein Lieblingsfach war, so nahm ich nicht nur Unterricht im gewöhnlichen Rechnen, sondern ich ging auch noch in die oberen Klassen des Gymnasiums, wo Geometrie, Trigonometrie, Stereometrie und Algebra ge-

---

[7] *il est defendu à parler allemand* - (fran.) „Es ist verboten, deutsch zu sprechen!"

lehrt wurde. Geometrie und Algebra hatten wir zwar auch in der Normalschule. In allen diesen Zweigen der Mathematik machte ich gute Fortschritte. Meine gut ausgearbeiteten Hefte darüber ließ ich, als ich Soldat wurde, in Koblenz, wo sie mir während meiner Abwesenheit gestohlen wurden.

Als im Jahre 1809 zwei Inspekteurs aus Paris kamen, um das Gymnasium zu untersuchen, trug ich in Trigonometrie und Algebra den Preis davon. Doch brach mir darüber, als ich während einer vollen Stunde mit der Kreide in der Hand an der Wandtafel stand, der Schweiß an allen Ecken und Enden aus. Das verdammte Wörtchen „Warum?" machte in diesen Rechnungszweigen dem Schüler viel zu schaffen. Ich erhielt nun, wie gesagt, den ersten Preis und das war eine königliche Freude für den Oberpräfekten, welcher zugegen war, dass einer seiner Schulmeister die Studenten gemeistert hatte. Er bestimmte mir nun eine Gratifikation, die darin bestand, dass der *Chef de bureau* Linz am anderen Morgen mit mir zum Schneider und Schuhmacher ging und ich Hut, Halstuch, Weste, Hose, Rock und Stiefel, alles funkelnagelneu erhielt. Ich hatte auch sofort die Ehre, in dieser neuen Kleidung auf des Kaiser Geburtstag[8] bei der großen Tafel an der Seite des Präfekten zu sitzen, wo von seinem moussierenden[9] Apfelwein getrunken wurde, der herrlich mundete.

Bei dieser Gelegenheit erteilte er mir den Auftrag, bei dem Buchbinder Hölscher das Diktionaire von Amand König aus Straßburg zu bestellen, und zwar auf Kosten der Departementalkasse. Es kostete 14 Gulden 30 Kreuzer und ich besitze es noch. Von dieser Zeit an war ich der Liebling des Präfekten.

Er war ein schön gewachsener, majestätischer Mann, groß von Statur, ein Mann auf seinem Posten, dem das Wohl des Departements am Herzen lag. Nur schade war es, dass er bald von hier weg nach Straßburg versetzt wurde[10]. Dabei war er ein ausgezeichneter Botaniker. Wer sich von alledem selbst überzeugen will, der lese nur seine Handbücher oder seine Schreiben an die Maires des Departements, in welchem sein Streben, sein Wollen und sein Wissen jedem unbefangen in die Augen leuchtet. Wäre nur auf dem Fundament, das er gelegt hat, fortgebaut worden, ganz gewiss hätten der Hunsrück und die Eifel ein anderes Aussehen. Aber seinem Nachfolger war Spazierreiten und Jagen sein liebstes Geschäft. Nur wo hier und da noch ein Maire Sinn für das Gute hatte, da lebte Lezay de Marnesia noch eine Zeitlang fort.

---

[8] der 15.August

[9] moussieren - (fran.) schäumen

[10] Adrien de Lezay-Marnesia wurde am 01.März 1810 nach Straßburg versetzt, sein Nachfolger wurde Jules Doazan.

Von Straßburg aus erhielten wir jede Woche zwei Briefe, in denen er anordnete, was in der Departemental-Baumschule gearbeitet werden sollte. Zwar hat man noch Spuren von seinen Schöpfungen. Wer wusste vor ihm etwas von Seitengraben an den Gemeindewegen? Wer sollte es nicht wissen, dass vor ihm das Wasser mitten durch die Wege floss und bei jedem Regen einen Graben riss, wodurch die Wege sehr oft unbefahrbar wurden? Wurde es zu arg, das heißt der Graben zu tief, so wurde auf den Seiten nachgegraben und der Grund nach der Mitte geworfen, nur allenfalls etwas Reisig darunter gelegt. Geklopfte Steine auf den Weg zu fahren, daran dachte kein Mensch. Durch das immer währende Nachgraben auf den Seiten entstanden die Hohlwege. Wer dachte vor ihm an eine Baumschule?

Mit der größten Tätigkeit versah er auch seine Regierungsgeschäfte. Es entging ihm nicht das Geringste. Er war, was die Feder betrifft, ein tüchtiger Arbeiter. Mit schriftlichen Arbeiten beschäftigte er sich von morgens früh bis 01.00 Uhr mittags. Von 01.00 Uhr bis 02.00 Uhr brachten die *Chefs de bureau* ihre Ausfertigungen zum Unterzeichnen. Der Generalsekretär musste ihm jeden Tag eine Liste von dem vorlegen, was an die verschiedenen Büros abgegeben war. Nur in schwierigen Sachen wurde Präfekturrat gehalten. Um 09.00 Uhr frühstückte er und um 03.00 Uhr aß er zu Mittag. Nach dem Mittagessen ging er entweder in die Baumschule oder in die Anlage, die er zwischen dem Rheine und der Mainzer Straße vor dem Rondell oder der Ruhebank vor dem Mainzer Tore bis an die Laubbach mit ausländischen und inländischen Bäumen hatte bepflanzen lassen. Nur schade, dass dieselbe zerstört wurde! Nur noch ein Stück der Ulmenhecke, welche er und ich oben an der Laubbach längs des Chausseegrabens gepflanzt hatte, ist, wie ich mich einmal überzeugen konnte, noch vorhanden. Entweder schüttete er beim Einschlämmen das Wasser zu, oder er nahm auch zuweilen die Schaufel oder er hielt Pfahl und Baum an.

Wenn ich so recht mich seiner erinnere und mir dann sein trauriges Ende einfällt, so kann ich mich der Tränen nicht erwehren. Ach, er war ein gar zu guter Mann! War ich bei ihm, so war es mir eben, als wäre ich bei meinem Vater; so liebte ich ihn auch und so plauderten wir auch zusammen. Bei alledem hatte er doch manchmal seine Launen; war die Verstimmung nun durch Regierungsgeschäfte oder gar durch etwas anderes entstanden, das kann ich nicht sagen. Kam er und rieb die Hände, dann war gutes Wetter; mengte er aber mit den Fingern in der Schnupftabaksdose, dann war er in diesem Augenblicke nicht gut zu sprechen. Wie schnell die Regierungsgeschäfte bei ihm gingen, das kann man kaum glauben. Alles, was von den Maires, den Bürgermeistern oder von den Unterpräfekten, den Landräten, kam, ging an den

Generalsekretär Reichensperger. Dieser gab es an das Büro, wohin es gehörte und in zwei oder drei Tagen war alles wieder auf dem Rückmarsch. Ebenso schnell wurden auch die Gesuche von Privaten befördert.

Da fallen mir eben noch verschiedene Handlungen von ihm ein, die besondere Züge seinem Bild einfügen. Eines Tages waren wir beide oben an der Laubbach in der neuen Anlage beschäftigt, als sich plötzlich ein Singen von der Richtung nach der Karthause hin hören ließ.

Der Präfekt fragte mich: „Was ist das?"

„Das ist eine Prozession, mein Herr Präfekt", antwortete ich.

„Ah, pah", erwiderte er, „es ist ja gänzlich verboten, in Prozessionen zu gehen."

Unterdessen näherten sich die Leute. An der Pyramide am Markebildchen stießen wir mit ihnen zusammen, und siehe da, es war wirklich eine Prozession und zwar eine sehr starke mit einem Geistlichen an der Spitze. Die Leutchen waren von der Ahr gekommen. Der Präfekt, der etwas gebrochen Deutsch sprach, fragte den Geistlichen: „Wohin führ Sie?"

„Nach Bornhofen.", war die Antwort.

„Vor Sie nicht weiß, dass dieses verboten", sagte der Präfekt.

Allein der Geistliche schien darauf nicht zu achten, indem er, aller Wahrscheinlichkeit nach, den Präfekten seiner einfachen Kleidung wegen für einen unbedeutenden Mann hielt.

Als ich ihm aber bedeutete, dass dieses der Oberpräfekt sei, machte er große Augen und entfärbte sich im Angesicht. Der Präfekt winkte ihm mit der Hand und sagt: „Komm Sie alle mit mir."

Sie zauderten zwar etwas, doch als ich ihnen die Nachteile der Nichtbefolgung dieses Befehls auseinandergesetzt hatte, schwenkten sie links um die Pyramide und nun ging es die Mainzer Straße hinab durch die Neustadt dem Präfekturgebäude zu, wo jetzt die Wohnung des kommandierenden Generals ist. Der Präfekt und ich, wir machten den Vortrab. Als die ganze Prozession im Hofe versammelt war, befahl er dem Pförtner Reichard, das Tor zu schließen und einen Polizeisergeanten zu rufen. Mittlerweile sprang er schnellen Schrittes die Treppe hinauf.

Da standen nun die armen Leute und erwarteten mit klopfendem Herzen die Dinge, die da kommen sollten. Sie fragten mich, was das wohl werden sollte. Ich zuckte die Achseln. Unterdessen kam der Präfekt in seiner goldgestickten Uniform, den Hut auf dem Kopfe und den Degen an der Seite. Da erschraken alle und entfärbten sich. Der Präfekt hob jetzt an, in seinem gebrochenen Deutsch eine Predigt zu halten, von der ich mich noch an folgendes erinnere: „Ihr lieb Leut, warum führ Sie nach Bornhofen, um zu bet?

Bleib Du in Dein Haus und in Dein Kirch und bet, da ist auch der liebe Gott, er ist auch hinter Dein Ofen Dir so nahe wie in Bornhof. Da sitz Du und bet'. Ich bet' auch zu dem lieben Gott, aber in mein Haus und mein Stub. So mach Du auch und kauf Dir Salz vor die Geld, die es Dich auf die Reise kost und bleib zu Haus bei Dein Kind, Dein Kuh und Dein Acker. Glaub nicht Dein Pastor, der ist ein Esel, ein Dummkopf und weiß nicht, wo ist der liebe Gott. Alle werd' ich sie in die Karmeliter stecken lassen."

Da gab es ein Zetergeschrei unter den Weibern. Die Männer baten mich, doch ein gutes Wort für sie zu reden. Der Geistliche stand da wie eine Gipsfigur. Er hätte ganz bestimmt nicht geblutet, wenn man ihm eine Ader gelassen hätte. Unterdessen war der herbeigerufene Polizeisergeant Busch gekommen, welcher sofort den Auftrag erhielt, die ganze Prozession bis unterhalb des Petersberges zu eskortieren, was er, wie sich von selbst versteht, auch tat und ihnen beim Abschiede noch eine gute Reise wünschte.

Eines Sonntagsnachmittags ließ der Präfekt mich rufen und sagte zu mir: „Heute gegen Abend machen wir einen Spaziergang nach Mariahilf."

Mariahilf war ein Heiligenhäuschen auf dem Petersberge. Wir tranken noch einen Krug von seinem guten Apfelwein und gingen hin. Unterwegs nahm er noch einen Polizeisergeanten, der uns begegnete, mit. An Ort und Stelle angekommen, fanden wir eine große Menge Menschen, jung und alt, männlich und weiblich. Etliche beteten ihren Rosenkranz, andere kosten miteinander. Ich wusste nicht, was ich davon halten sollte. Es war nämlich das erste Mal, dass ich dorthin kam. Zuerst schickte er die jungen Leute nach Hause mit den Worten: „Geh Du zu Hause und schaff die Arbeit für Dein Herr und Dein Frau und bet in Dein Kammer!" Dann drohte er den Alten mit dem Karmeliter.

Später wurde das Ding zusammengerissen und man sah die alten Weiber auf dem Steinhaufen knien und ihren Rosenkranz beten. Als der Präfekt dies sah, wurde er ärgerlich und sagte: *„Mon Dieu! Comme ils sont stupides ces gens là, ils ne se laissant par corriger."*[11]

Im Frühjahr 1809 war schönes Wetter auf St.Josephstag[12]. Da mussten wir in die Baumschule, um Akazien zu kopulieren, wahrscheinlich, damit der Tag nicht gefeiert würde.

Als des Nachmittags die Schnur zum Umwickeln zu Ende ging, gab der Präfekt sein weißes Taschentuch her, um es zum Verbande in Riemen zu zerschneiden, damit wir bis Abend Arbeit hatten. Die Katholiken unter uns

---

[11] - (fran.) „Mein Gott! Was sind diese Leute so dumm, sie lassen sich nicht bessern!"
[12] der 19.März

schimpften auf den Präfekten und wünschten, dass nicht ein Stamm wüchse. Allein ihr Wunsch wurde nicht erfüllt.

Hatte der Präfekt in diesen Handlungen Recht oder Unrecht, darüber ein Urteil zu fällen, das überlasse ich jedem, seinem Gutdünken nach zu tun. Nur muss ich bemerken, dass er auch Katholik war. Das geschah alles unter einer katholischen Regierung und niemand fiel es ein, sich darüber zu beschweren, wenigstens nicht zu rebellieren. Jetzt ist in allem Freiheit und doch wird über Unterdrückung geklagt.

Die Vogelkirschensaat wollte uns nicht glücken, das heißt die gesäten Körner gingen nicht auf. Der Präfekt ließ mich eines Mittags zu sich rufen und sagte: „Du weißt wohl, die Vogelkirschen gehen nicht auf, wenn wir dieselben säen. Wenn sie aber der Vogel frisst und wieder von sich gibt, dann gehen sie auf. Wir müssen nun etwas mit ihnen machen, was in dem Magen des Vogels mit ihnen vorgeht."

Ich dachte bei mir selbst: Nun ja, was soll das werden? Ich hing nun eine Tasche mit etwas Speise und Trank um und wir marschierten dem Kühkopf zu, um Beeren zu pflücken. Zu Hause wieder angekommen, machten wir ein Gemisch von Hühner- und Taubenmist, taten es in Töpfe, rührten es mit Pferdejauche zu einem Brei an und mengten die Vogelkirschen hinein, begruben sodann die zugebundenen Töpfe tief in den Pferdemisthaufen, durch dessen Hitze wahrscheinlich eine Gärung hervorgebracht wurde. Nach Verlauf von drei Wochen nahmen wir die Töpfe heraus, säten die Körner und siehe da, sie gingen fast alle auf. Es ist ganz natürlich, dass ein Stein durch diese Gärung mürbe geworden war.

Leider verlor das Departement seinen Präfekten zu früh. Am Tage seiner Abreise nach Straßburg gingen wir alle zusammen hin, um ihm Adieu zu sagen. Ich hielt eine kleine Anrede in französischer Sprache, konnte aber fast vor Weinen nicht sprechen. Er reichte uns einem nach dem anderen die Hand, sprach etliche Worte und weinte auch. Als er abfuhr, war halb Koblenz auf dem Paradeplatz und rief ihm ein Lebewohl zu. Er saß in einer offenen Kutsche und weinte wie ein Kind. Und ich muss noch heute weinen, wenn ich daran denke.

So strichen vier Jahre durchs Land. Meine Nebenstunden, besonders des Abends, brachte ich in dem schon erwähnten Stübchen neben der Küche zu. Da flatterte aber nun öfters ein bunter Schmetterling umher. Was war's? Nichts anderes als der verdammte Schelm mit seinem Bogen und seinem mit Pfeilen gefüllten Köcher, nämlich der Gott Amor, der mir so lange auflauerte, bis er mich endlich erreichen konnte, was ihm denn auch wirklich glückte. Im Herbste wurde ich nach Zeltingen geschickt, wo der Schulfonds teil an Weinbergen hatte, um die Trauben zu sammeln und beim Keltern und Fassen des Mostes die Aufsicht zu führen. Professor Mayer war diesetwegen in Graach, eine Stunde oberhalb von Zeltingen. Das waren vergnügte Tage. Als der Most vergoren war, wurde er eingeschifft und wir kamen mit 30 Fuder in Koblenz an. Das war ein Wein, noch dünkt's mir, den Geschmack auf der Zunge zu haben. Allein die Tage der Freude und des Friedens sollten ein jähes Ende finden.

3.Kapitel
Im Soldatenstand

Als die schönste Armee, die je auf den Beinen stand, auszog, um Russland zu bekriegen, da wurde das Innere des Landes von Truppen entblößt, die natürlich wieder ersetzt werden mussten, wenn auch nicht nach der Qualität, so doch nach der Quantität.

Es wurden zu dem Ende die in den früheren Jahren übriggebliebenen Mannschaften nochmals durchsucht. Ob ich nun zwar schon im Jahre 1807 in der Konskription[13] war und auch eine hohe Nummer gezogen hatte, folglich an nichts weniger als an das Soldatwerden dachte, so erhielt ich doch von meinem Vater einen Brief, in dem er mir bedeutete, mich zufolge höheren Befehls am 13.Juli im Saale des Jesuitengebäudes vor der Aushebungskommission zu stellen.

Das fiel mir freilich etwas unsanft aufs Herz, aber noch mehr jemand anderem. Der Direktor und seine Schwester berieten sich. Da machte sie sich auf die Beine und ging zu ihrem Bruder, dem Präfekturrat und der Direktor schrieb an den Chef des Büros, Franz. Beide waren Mitglieder der Rekrutierungskommission. Auf dieses hin erhielt ich die Weisung, dass ich, wenn ich vorgerufen werden würde, aussagen sollte, ich hätte keine gute Brust. Mit dem Doktor Wegler war auch gesprochen worden und alle kannten mich.

Hin und her überlegte ich, konnte aber nicht recht einig mit mir werden. Dem Lügen war ich Feind und den mir gemachten Vorschlag auszusprechen, wäre eine reine Lüge gewesen. Freilich könnte ich es jetzt eher sagen und zwar ohne das Gewissen zu schwärzen. Das Soldatwerden zu dieser Zeit war

[13] Konskription - (lat.) Bezeichnung für die Aushebung der gemusterten männlichen Bevölkerung eines Landes zum Wehr- oder Kriegsdienst auf Grund der allgemeinen Wehrpflicht im Gegensatz zu der Anwerbung und dem Aufruf Freiwilliger.

keine Kleinigkeit, denn es handelte sich nicht darum, 18 Monate oder drei Jahre in einer Kaserne zu liegen, wie gegenwärtig. Nein, hatte man das erste Kommissbrot gefasst, so war man Soldat, und zwar so lange, als der Kopf auf dem Rumpfe saß oder die Glieder ganz blieben. Das war nun freilich eine harte Nuss oder ein starker Meerrettich.

Und doch hatte ich während der vier Jahre, die ich in Koblenz zubrachte, etwas Lust am Soldatenstande bekommen. Wenn ich so einen Voltigeur-Fourrier oder Sergeant-Major mit seinem Säbel und den goldenen Schnüren auf den Armen dahergehen sah, dachte ich bei mir selbst, so einer könntest du auch werden. Der Fourrier hatte nämlich eine 1 Zoll breite Tresse quer über die Oberarme und der Sergeant-Major, zu deutsch Feldwebel, zwei quer über die Unterarme.

In meiner Phantasie malte ich mir dann das Schöne und Angenehme des Soldatenstandes aus, ohne der Leiden und Beschwerden zu gedenken, die mit dem Soldaten verbunden sind, und die ich freilich auch nicht kannte. Ich entschloss mich daher, lieber Soldat zu werden, als auf meine gute Gesundheit zu lügen. Aber in dem Stübchen wagte ich es nicht, diesen gefassten Entschluss kundzutun. Ich trat aber mit ihm festen Schrittes vor die Kommission.

Auf deren Frage: „Hast Du etwas einzuwenden?" antwortete ich *à haute voix*[14]: „Nein!"

Nachdem die Herren einander angesehen und miteinander gesprochen hatten, sagte der Präfekturrat: „Ich erinnere mich, gehört zu haben, Du hättest eine schwache Brust."

Was war nun zu tun? Mein guter Vater stand mir im Augenblick vor der Seele, sowie auch sie, die eine. Doch kurz besonnen antwortete ich: „Meine Brust ist gut."

Es blieb nun den Herren nichts anderes übrig, als mir zu bedeuten, mich am 22.April morgens 08.00 Uhr marschfertig auf dem Paradeplatze einzufinden. Der Rekrutenkapitän fügte noch hinzu: „*Voilà un bon voltigeur*!"[15]

Wie und auf welche Art war dieses nun meinem guten alten Vater beizubringen, dem es seine feste Bestimmung war, ich würde mich durchschroten? Ich schrieb ihm, wie ich diesetwegen mit mir selbst im Prozesse gelegen und dass wir bloß eine Landwehr bildeten, die aber des Kaiser Worte hätte, nie die Grenze des Landes zu überschreiten. Damit beruhigte sich nun auch mein Vater, denn er war ohnedies der Natur, dass er sich um etwas, was nicht zu ändern war, keine Gedanken machte. Aber in dem Stübchen, da gab's Tränen und Vorwürfe genug. Was half aber alles? Es war einmal nicht

---

14 *à haute voix* - (fran.) mit lauter Stimme

15 *Voilà un bon voltigeur*!" - (fran.) „Das ist ein guter Voltigeur!"

zu ändern und ich musste mich rüsten, denn der 22.April nahte heran, an welchem Tage wir auf dem Paradeplatze stehen sollten.

So stand ich denn an diesem Tage morgens 08.00 Uhr da in Reihe und Glied, in der Tasche ein schönes Zeugnis vom Direktor, ein Empfehlungsschreiben vom kommandierenden General Gerrein und eines vom Rekrutenkapitän Gerrard, beide an den kommandierenden General Kellermann in Mainz gerichtet, wohin unser Marsch gehen sollte.

Dabei hatte ich aber auch 25 Franc im Stübchen erhalten, ferner fünf vom Präfekturrat Simon, zwei vom Präfekturrat Buwin, dem ich Pappelpflanzungen zwischen Pommern und Clotten gemacht hatte, zehn von anderen guten Freunden und Bekannten in der Stadt, denen ich Lebewohl gesagt hatte, also zusammen 42 Franc. Die hatte ich auch in der Tasche. Nachdem wir verlesen waren, ging's zum Brotfassen. Ich erhielt also das erste Kommissbrot. Dann aber nahm ich mir bei dem Unteroffizier Erlaubnis und eilte nochmals nach dem Stübchen. Da ging's nun freilich an einen harten Abschied. Ich wurde noch durch den Garten bis an das Pförtchen am Wasserturme begleitet und bekam zuletzt einen goldenen Ring zum Andenken an den Finger gesteckt. „Nun denn in Gottes Namen weiter", dachte ich auf einmal, und - draußen auf der Straße war ich.

Ich musste mich aber doch zu lange aufgehalten haben, weil ich die anderen, trotz aller Anstrengung, nicht mehr einholte. Ich hatte mir auch schon Blattern gelaufen, daher meine Strümpfe unterwegs auszog, ich glaube zwischen Boppard und Salzig. In St.Goar, wo unsere erste Station war, kam ich in der Dämmerung an, erhielt ein Billet und empfand schon etwas vom Unangenehmen des Soldatenstandes, denn ich bekam ein schlechtes Quartier, besonders ein schlechtes Bett, so dass ich des Nachts bald erfror.

Am anderen Morgen ging es nach Bingen. Unterwegs prügelten sich die Hunsrücker und Überwälder nach Noten. In Bingen verließ ich mein Quartier und ging in ein Wirtshaus.

Müde und lahm langten wir am anderen Tage auf dem Paradeplatz in Mainz an, allwo die Bonner zu uns kamen, nämlich die aus dem Rhein- und Mosel-Departement, ein Bataillon, das sich die 80.Kohorte nannte. Die von Mainz hatten die 79. und die von Trier die 81.[16]

Auf dem Paradeplatze standen auch die Offiziere und Unteroffiziere, welche uns in Empfang nehmen sollten. Einige der letzteren hatten uns von Koblenz aus transportiert. Einem unter diesen gab ich nun meine Empfehlungsschreiben, der dieselben sofort dem General überreichte. Nachdem wir nun

[16] Zur weiteren Geschichte des 150.Linieninfanterie-Regiments siehe Anlage 1.

in Reihe und Glied gestellt und verlesen waren, wurde ich aufgerufen, vorzutreten, was ich auch tat.

Der General sagte zu mir: „Du bist mir von Koblenz aus sehr empfohlen worden, und weil Du Französisch lesen und schreiben kannst, so versiehst Du von heute an provisorisch den Dienst als Fourrier bei der 1.Kompanie."

Das war nun freilich ein Dienst, den ich ganz und gar nicht kannte, was ich dem Kapitän der Kompanie auch zu verstehen gab. Der sprach mir aber Mut ein und sagte: „Das Erste, was Du nun zu tun hast, ist, Bettung zu fassen für die Kompanie. Dabei nur alles richtig aufgeschreiben, was Du erhältst! Übrigens wird Dir der Sergeant-Major behilflich sein."

Wir bezogen nun die rote Kaserne auf der Gaugasse. Als wir da eingenistet waren, schlug der Tambour zum Brot- und Fleischfassen. Mein erwähnter Sergeant-Major war ein Stockwelscher, ein verabschiedeter Kürassier, aus der Stadt Messière gebürtig und verheiratet, aber kinderlos. In der letzten Zeit war er Douanier, Grenzaufseher, gewesen. Aber er verstand auch, den Rahm oder die Sahne von der Milch abzuschöpfen und mir die Matten und Molken zu lassen. Das merkte ich bald und, belehrt durch meine Kollegen, fing ich an, selbständig zu handeln. Das verdross den Herrn, und er suchte mich daher bei dem Kapitän anzuschwärzen. Dieser aber, ein Rheinländer, war mir hold und achtete nicht darauf. Der Fourrier hatte beim Fleisch- und Brotfassen besondere Nebenakzidentien[17]. Bald erhielt man vom Metzger eine Zunge, bald eine Niere oder beim Bäcker ein Weißbrot. Diese Stücke hatte mein Sergeant-Major immer heimgeführt, und mir hielt er den Mund rein. Das verdross mich.

Die ersten Tage waren freilich hart Tage, denn der Magen musste umgeschaffen werden. Ach, wie oft dachte ich an das Stübchen und an die dabei befindliche Küche wie die Israeliten an die Fleischtöpfe Ägyptens. Auch das Exerzieren musste gelernt werden, wozu täglich volle acht Stunden verbraucht wurden. Da fielen mir, wenn ich so auf dem Schlossplatz stand, die alten Sprichwörter ein: „Es ist nicht alles Gold, was blinkt. Wenn es dem Esel zu wohl ist, geht er auf das Eis tanzen. Vor getan und nach bedacht hat manchen in groß Leid gebracht."

Endlich fassten wir auch Montierung. Ich erhielt nun einen Säbel und quer über den Oberarm eine silberne Schnur. Da gefiel ich mir nun freilich selber; denn das war es ja eben, was mich zu Soldatenstande heranzog. Aber das Exerzieren lernen! Oh, das verdammte Zeug, dachte ich, das ist ja nur da, um die Leute zu quälen. Denn mit geschultertem oder angeschlagenem

17 - (veraltet) Nebeneinnahmen, Nebengebühren

Gewehr zu stehen, bis alle Fehler verbessert waren, dies hatte seine Flausen und war keine Kleinigkeit.

So ging es nun von einem zum anderen Tage, bis endlich am 23. Mai nachmittags der Befehl kam, dass wir am 25. von Mainz ab nach Boulogne am Meer marschieren sollten. An diesem Tage wurde ich auch definitiv zum Fourrier angestellt. Ich hatte aber auch eine königliche Freude über unsere Versetzung. Wir bekamen so viele Städte und das Meer zu sehen, und im Vorbeigehen konnte ich auch meinen Besuch im Stübchen machen. Ach, wie zog's mich dahin! In Gedanken stand ich schon an der Tür und klopfte an.

Dieses Garnisonswechsel schrieb ich an meinen Vater; denn auf Urlaub wollte ich nicht gehen, indem derselbe in der Woche zuvor bei mir war. Was mein Geldbeutelchen betraf, so war es schon ziemlich zusammengeschrumpft. Ich lebte aber in der frohen Hoffnung, dasselbe in Koblenz wieder etwas heranzufüttern, was auch wirklich geschah.

Weil unsere 80.Kohorte, wie schon gesagt, aus Mannschaften aus dem Rhein- und Mosel-Departement zusammengesetzt war, gingen auf diesem Marsche fast alle auf Urlaub, die Oberländer von Bingen und die Niederländer von Koblenz, etliche noch von Bonn aus. Da aber keiner fünf Tage erhielt, so wurden die Bons und Quittungen für das vollständige Bataillon ausgestellt.

Jeder Fourrier erhielt das Fleisch und das Brot für die Beurlaubten bezahlt, und das war mir eine gute Arznei für das Geldbeutelchen, aber doch nicht von Dauer, denn die verdammten Sprichwörter: „Unrecht Gut gedeihet nicht. Wie gewonnen, so zerronnen. Wie Du kommst, so gehst Du wieder", sind zwar alt, aber heute noch wahr und werden auch wahr bleiben, solange die Erde steht, und solange Menschen auf derselben leben. Hatten aber die Sergeanten gemerkt, dass der Fourrier etwas plattgeschlagen hatte, so hieß es: „Du musst eins bezahlen."

Unser Marsch ging nun am 25.Mai von Mainz ab und hatte, wenn ich sie noch alle im Gedächtnis habe, folgende Stationen: 1. Bingen; 2. St.Goar; 3. Koblenz; 4. Andernach; 5. Remagen; 6. Bonn; 7. Köln; 8. Bergheim; 9. Jülich; 10. Aachen; 11. Maastricht; 12. Tongeren; 13. St.Trond; 14. Löwen; 15. Brüssel; 16. Enghien; 17. Ath; 18. Tournay; 19. Lille; 20. Bethune; 21. Aire; 22. St.Omer und endlich Boulogne. Da sah ich und widerfuhr mir noch mancherlei, was jetzt, soviel mir noch im Gedächtnis ist, erzählen will.

Wir marschierten nun frohen Mutes von Mainz ab über Bingen und St. Goar nach Koblenz. Von meiner Ankunft daselbst will ich nichts weiter erzählen, als dass sie freudenvoll und für mein Geldbeutelchen gesegnet war. Wie von einer Dampfmaschine getrieben, eilte ich, nachdem ich vor dem Mainzer Tore die Billets ausgegeben hatte, durch die Vorstadt dem Paradeplatze zu, als ich von da nach der Firmungsstraße einbog, nahm ich beinahe die Ecke des Hauses mit und erreichte endlich das Stübchen. Alle freuten sich, mich gesund wiederzusehen. So freudenvoll die Ankunft war, ebenso schwer fiel auch jetzt wieder der Abschied.

In Oberwinter besuchte ich im Vorbeigehen meinen Freund, den Lehrer Hölterhof und bewunderte die schöne stolze Linie des Siebengebirges.

In Köln ging ich in den Dom, der freilich in seiner Ruinenhaftigkeit seine volle Schönheit nur ahnen ließ, durch seine Größe und Kühnheit mich aber begeisterte, ein hohes Lied in Stein. Aus Unachtsamkeit wählte ich eine unrechte Tür zum Ausgange, kam daher in eine andere Straße und verirrte mich so in der Stadt, dass ich Mühe hatte, mein Quartier am Heumarkte wiederzufinden.

In Aachen ließ ich mir im Dome das Grab Karls des Großen zeigen, dessen Statue auf einem der freien Plätze der Stadt steht. Ich besuchte ein warmes Bad und eine Nähnadelfabrik.

Nun ging's nach Maastricht, einer Stadt der ersten Klasse, nämlich darin, wovon der 4. Vers im Liedes 412 des Heidelberger Gesangbuches spricht, wenn er sagt: „Auf Schutt der Unschuld aufgeführt, durch Lohn der Laster ausgeziert, steht manche Wohnung offenbar und bietet Sünd' und Seuche dar."

Auch meine Unschuld sollte hier eine Probe bestehen. Meine Kollegen machten den Vorschlag, in ein Wirtshaus zu gehen, um eine Flasche Wein zu trinken. Er wäre zwar hier etwas teurer, allein es sei ja auch die letzte Station, wo man dessen noch trinken könnte, weil der durch Brabant hinab sehr teuer sei. Mein Wille war da, indem ich an nichts Böses dachte und einem Glas Wein nicht Feind war. Kaum hatten wir das Wirtshaus betreten und uns niedergesetzt, als auch schon drei oder vier gleich Prinzessinnen geschmückte Dirnen das Zimmer durchstrichen und uns gar freundlich einen *bon soir*[18] wünschten. Meine Kameraden luden sie ein, an unserer Gesellschaft teilzunehmen, was sie nicht abschlugen. Ich merkte sogleich, wes Geistes Kinder es waren, und in welchem Hause wir uns befanden, nahm meinen Tschako, warf einen Franc auf den Tisch und eilte, gleichsam als wäre der mit dem Pferde- oder Bocksfuß hinter mir, hinaus.

Auf dem Marktplatze angekommen, wo auch mein Quartier war, atmete ich erst wieder frisch auf und dankte meinem Schutzengel, dass er mir sol-

---

[18] *bon soir* - (fran.) Guten Abend

chen Abscheu einflößte. Indem ich so dastand, schlug die Glocke neun, und noch war der letzte Schlag nicht verhallt, als vom Kirchturme herab ein fröhliches Glockenspiel mein Ohr ergötzte, das einen Marsch spielte. Dass dieses nun wieder ganz andere Gefühle in mir anregte, brauche ich nicht zu sagen.

Ja, es ist etwas Göttliches, einem solchen Glockenspiele zuzuhören. Diese Glockenspiele findet man von da ab fast in allen Städten von Brabant und dem nördlichen Frankreich. Wie man mir sagte, befinden sich an 150 Glocken in einem solchen Turme. Als der Marsch geendet, nahm ich den meinigen nach meinem Quartier. Bald kamen auch die anderen und wollten mich auslachen, ich aber dachte: Lacht Ihr nur. Besser ist's doch, Ihr lacht, als dass ich weine.

In der Gegend von Tongeren und St.Trond beschäftigen sich die Mädchen mit Spitzenklöppeln, und es gehen bewunderungswürdige Sachen aus deren Händen hervor. Es ist ein wahres Vergnügen, zuzusehen, wie die zarten Fingerchen 30 bis 50 Klöppelchen über und über werfen.

In Löwen muss ich des vortrefflichen Bieres erwähnen, das „Petermann" genannt wird. Aber doch wird es von dem in Brüssel, das „Pharao" heißt, übertroffen. Ersteres ist süß und letzteres herb und bitter. Jenes ist nicht so betäubend als dieses. Wer in Brüssel ein Quart trinkt, muss stark sein, wenn er sein Quartier wiederfindet.

In Enghien spielte das Glockenspiel einen *Contre-danse*, in dem eine solche Harmonie herrschte, wie ich noch nie eine gehört habe.

An Lille kann ich nicht vorüber, ohne die Masse von Windmühlen zu erwähnen, die um die Stadt herumstehen. Wohl über 200 an der Zahl. Wenn man so dasteht und dem Gezappel oder Umschwung der Windflügel zusieht, braucht man keinen Pharao getrunken zu haben, und man kann sich doch wegen des Schwindels kaum auf den Beinen halten.

So ging es nun bis St.Omer, dem Orte der vortrefflichen Schnupftabakfabriken. Zum Andenken nahm ich mir eine Portion mit und wäre beinahe zum Schnupfer geworden. Von da aus fiel uns nun die Zeit recht lange bis zum anderen Tage, an welchem wir nach Boulogne kamen, also auch uns das Vergnügen zuteil werden sollte, dass Meer zu sehen.

Auf dem Marsche dahin streckten wir, gleich einem Kraniche, der Wache steht, während seine Kameraden auf einem Samenfelde weiden, unsere Köpfe in die Höhe, um das Meer zu sehen. Und ob es schon zu Tal ging, konnten wir doch nichts davon wahrnehmen. Endlich begegnete uns ein Mann, den wir darum befragten. Dieser lachte und sagte: „Sehen Sie diese Stadt hier vor Ihnen? Dies ist Boulogne."

Das nun, was wir glaubten, wir sähen durch eine weite Fläche in die heitere Luft hinein, bezeichnete er uns als das Meer. Der Mensch macht sich zwar auch von allem, was er nicht gesehen hat, eine gewisse Vorstellung, das heißt, er entwirft sich in seiner Phantasie ein Gemälde davon, das aber doch in den meisten Fällen falsch ist; so ging es uns auch mit dem Meere.

Es lag also Boulogne und die unübersehbare Wasserfläche, auf der unzählige Fischerkähne schaukelten, vor uns. Diese Fischerkähne hielten wir, als wir sie erblickten, für Engländer oder englische Fahrzeuge, die schon da umherkreuzten, um uns wegzuschnappen, wie der Fisch eine Brotkrume. Dabei war es uns nun freilich als Rekruten nicht so ganz wohl zumute. Wir freuten uns also recht herzlich, bald zu vernehmen, dass dem nicht so wäre.

Wir lagen nun eine Nacht in der Stadt einquartiert, und am anderen Tage bezogen wir das Lager *la crêche*, eine starke Viertelstunde von der Stadt entfernt, und zwar nach Calais hin. Bei hellem Wetter konnte man die Küste von England und selbst die Stadt Dover sehen. Dieses Lager bestand aus von Steinen gemauerten und mit Stroh gedeckten Baracken, welche das 36.Regiment im Jahre 1806 oder 1807 erbaut, und wozu es die Steine auf den Achseln vom Meer heraufgetragen hatte. Bei unserer Ankunft fanden wir noch das Bettstroh von den sechs Wochen vorher ausgezogenen Truppen in den Baracken umherliegen, worin sich die Flöhe ungeheuer vermehrt hatten, welche uns, trotz aller Reinigung, mehr zu schaffen machten als die so sehr gefürchteten Engländer. Aus dem Magazine erhielten wir obendrein noch Teppiche, die mit Flöhen ausgestickt waren. Das gab nun eine verdammte Wirtschaft. Wenn die Sonne schien, sah man sie vor den Baracken tanzen wie die Schnaken an einem warmen Tage bei Sonnenuntergang in der Luft. Alle Mittel, die wir zu ihrer Vertilgung an- wendeten, waren fruchtlos. Zog man weiße Hosen an, so waren sie bald mit Flöhen besetzt, als hätte man sie mit Tinte besprengt.

Wir wohnten also zwischen Boulogne und Calais, ungefähr 60 bis 70 Fuß höher als das Meer und 800 Schritte davon entfernt. Das Ufer vor unserem Lager war steil, fast senkrecht, an welches das Meer während der Flut anschlug. Bei der Ebbe war es eine Viertelstunde entfernt. Der Boden bestand, wenn das Wasser zurückgetreten war, aus feinem Sande, worauf die zurückgebliebenen Krabben, eine Art Krebse, durch ihrer Fährten die wunderlichsten Figuren hervorbrachten. Nur hier und da ragte eine Felsenspitze hervor. Während der Ebbe spannten die Fischer an eingeschlagenen Pfählen ihre Netze in einem Halbzirkel aus. Da blieben nun von den Fischen, die mir der Flut kamen, bei der Ebbe viele hinter diesen Netzen liegen. Wir genossen durch die Lage unseres Lagers eine sehr schöne Aussicht auf das Meer. So oft es mir die Zeit erlaubte, ging ich auf die Anhöhe an das Ufer und sah dem Wogen des Meeres zu, das Ähnlichkeit hat mit dem Wogen unserer Kornfelder, wenn der Wind in ihnen spielt. Wenn man so dasteht und das Auge über die Wasserfläche hinschweifen lässt oder des Abends die Sonne in demselben versinken sieht, dann muss man die Allmacht Gottes bewundern und ausrufen: „Groß sind die Werke des Herrn! Wer ihrer achtet, hat eitel Lust daran." Wie oft sang ich da das schöne Kirchenlied von Gellert: „Wenn ich, oh Schöpfer, Deine Macht, die Weisheit Deiner Wege, das Auge, das für alle wacht, anbetend überlege, so weiß ich, von Bewunderung voll, nicht, wie ich Dich erheben soll, mein Herr, mein Gott, mein Vater."

Wie schön ist es, ein Schiff mit vollen, ausgespannten Segeln auf uns nieder schwappen zu sehen. Jetzt hebt es eine Woge in die Höhe, und in diesem Augenblick sieht man das ganze Schiff, im nächsten Augenblick ist die Woge unter dem Schiff weg und verdeckt es dem Auge, so dass man nichts als den Mast sieht und glaubt es verloren, aber im Nu hebt es die nächste Woge wieder in die Höhe, so geht es weiter in ewigem Wechsel.

Da nun der Grund des Meeres bei unserem Lager sehr eben war, so war es besonders zum Baden geeignet, was wir auch fast jeden Tag taten. Jede Woche wurde auch ein- oder zweimal dazu mit dem ganzen Bataillon ausmarschiert, doch nur zur Zeit der Ebbe. Das Bataillon marschierte in einer gewissen Entfernung vom Wasser in drei Gliedern auf, das zweite und dritte Glied trat, wie bei einer Inspektion rückwärts, und ein jeder zog seine Kleider aus. War dies geschehen, so hieß es: *„par le flanc à droite, par file à gauche marche!"*[19], und nun ging es ins Wasser. War man bei einer Windstille bis an den halben Leib im Wasser vorgedrungen, so gingen die Wogen schon über den Kopf hinweg. Auf ein Zeichen durch die Trommel ging es wieder in Reihe und Glied. Dieses Bad war sehr heilsam für die mit Krätze behafteten. Zwar verursachte es durch seine Salzteile ein starkes Jucken. Bekam man von diesem Meerwasser etwas in den Mund, so war es zum Ersticken. Der Geschmack ist salzig und bitter und erregt Ekel und Erbrechen. Die Farbe des Meeres fällt ins Grün, schöpft man aber das Wasser in ein Glas, so ist es ohne Farbe wie reines Quellwasser.

Am 22.August brachen wir auf, um von Boulogne weg über Calais, Gravelines, Dünkirchen und Nieuwpoort nach Ostende zu marschieren. Von Dünkirchen bis Ostende ging der Weg am Gestade des Meeres hin, dessen Ufer aus lauter Sandbergen besteht, die durch den Wind von einem Orte zum anderen getrieben werden und sich bald hier, bald dort aufhäufen. Ist die Ebbe eingetreten, so habe ich auf mehreren Stellen den Boden voll von

19 - (fran.) „Rechts um, links schwenkt! Marsch!"

teils verwitterten, teils ganzen Muscheln von allerlei Gestalt, Farbe und Größe gefunden. Hier fällt mir eben noch etwas ein, was ich nicht mit Stillschweigen übergehen kann, indem es mich beinahe zur Verzweiflung brachte.

Als wir von Boulogne abmarschierten, erhielt ich als Fourrier, weil mein Sergeant-Major Marketender spielte, den Sold für die Kompanie bis Ostende dargezählt. Dieses witterte unser Sekondeleutnant Geneste, der noch sein Essen im Lager schuldig war und überdies noch Schulden genug hatte, was ich zwar nicht wusste. Er kam nun beim Abmarsche zu mir und verlangte, 40 Franc vorgeschossen zu haben. In Calais, wo wir zum Offizierpayeur, zum Bataillonszahlmeister, kamen, würde er mir dieselben wieder zurückerstatten. Ich gab sie ihm, weil ich mir einen Offizier als einen Mann dachte, der Geld im Überfluss hätte. Ich beurteilte den Mann nach dem Rocke.

Wir kamen nach Calais, aber ich erhielt nichts. In Gravelines und Dünkirchen auch nichts. In letzterem sollte ich die Kompanie ausbezahlen, hatte aber kein Geld mehr. Ich machte die Mannschaften der Kompanie mit der Geschichte bekannt und versprach ihnen, in Nieuwpoort würden sie ihren Sold erhalten. Da mir nun mein Hauptmann schlechte Hoffnung gab, ging ich zum Offizierpayeur und klagte diesem mein Leid, erhielt aber schlechte Tröstung, indem er meinem Leutnant schon zuviel Vorschuss gegeben hatte. Ich ging weg. Was war nun zu tun? Die Verzweiflung war nahe. Wir Fourriere gingen nun ab, um in Nieuwpoort Quartier zu machen. Unterwegs blieb ich zurück und sann über meine Lage nach, fand aber keinen Ausweg.

So saß ich da am Ufer und blickte über die Meeresfläche hinweg, und beinahe hätte ich ... Da war's mir, als hörte ich hinter mir rufen: „Eduard, Eduard!" Ich sah mich um, sah aber niemand; aber es war mir, als tönten die Worte mir ins Ohr: „Tue nicht, was Du eben tun wolltest, ich will Dich aus Deiner Not erretten."

Ich fuhr wie aus dem Schlafe auf, kam zu mir selbst und dachte an die Worte Davids Psalm 139 Vers 9 und 10, wo es heißt: „Nähme ich Flügel der Morgenröte und bliebe am äußersten Meere, so wurde mich doch Deine Hand daselbst führen und Deine Rechte mich hal- ten."

Eben bemerkte ich, dass die Flut im Anmarsch war, und das Wasser schlug mir schon wider die Sohlen. Rasch stand ich nun auf, schoss mein Gewehr über das Meer hin und ging getrosten Mutes weiter mit dem Vorsatze, abermals zum Offizierpayeur zu gehen. Und da ich den hintersten Fuß schnell nachholte, so erreichte ich meine Kameraden noch, ehe wir nach Nieuwpoort kamen. Als wir die Billets empfangen hatten, ging ich dann, wie ich mir vorgenommen hatte, abermals zum Zahlmeister und ersuchte ihn, ob er denn nicht geneigt sei, mir auf meine Person und Kredit die 40 Franc vorzuschießen, und erhielt folgenden Bescheid: „Auf den Geneste kann ich nichts geben, aber wenn Du mir versprichst, an den Vater zu schreiben, so will ich Dir auf Dein ehrliches Angesicht das Geld vorschießen.”

Da fiel es mir nun zentnerschwer vom Herzen und ich versprach ihm dieses. Er ging an seinen Koffer, holt den Geldsack und zählte mir 40 Franc auf den Tisch. Jetzt war mir auf einmal aus meiner Not geholfen. Ich schrieb noch auf seinem Büro einen Brief an meinen Vater und einen nach dem Stübchen und erhielt noch 10 Franc mehr, als ich verlangt hatte. Als die Kompanie am anderen Tag ankam, zahle ich, noch ehe ich die Billets ausgab, den Soldaten den Sold aus, und nun war ich wieder ein Mensch.

Jetzt schifften wir ein und fuhren auf einem Kanal nach Ostende, nämlich die Fourriere. In diesem Fahrzeug war auch die Frau des *Armurier*[20] vom Bataillon, sie kam unterwegs in Kindesnöte. Meine Kameraden lachten und machten sich lustig über sie. Ich hatte früher des Professors Wegler Hebammenbuch gelesen und dachte bei mir: Hier ist nichts zu lachen, sondern Hilfe nötig. Ich trieb also meine Kameraden aufs Vordeck und legte Hand an, und bald hatten wir beide ein charmantes Knäbchen zur Welt gebracht.

Ostende ich eine stark befestigte Stadt. Sie hat einen Seehafen, in welchen aber nur während der Flut, wie auch in Boulogne, größere Schiffe einfahren können. Sie hat einen bedeutenden Fisch-, Gemüse- und Milchmarkt. Da die Landleute ihre Produkte auf einem Esel meistenteils zu Markte bringen, so kommen wohl am Markttage bei zweihundert zusammen, die, wenn einer unter ihnen das Ia anstimmt, alle im Chor mitsingen. Weil es ihnen aber an Takt fehlt, so gibt es eine Harmonie, dass man auf und davonlaufen möchte. Über den Fischmarkt konnte ich des üblen Geruchs wegen niemals gehen. Doch sah ich einen Stör aushauen, der über 300 Pfund wog.

Wie mir gesagt wurde, kommen im Winter die alten Weiber, ihre Tabakspfeifen im Munde, über die Kanäle auf Schlittschuhen zu Markte. Ein vortreffliches, moussierendes Weißbier bekommt man in Ostende, desgleichen ich anderwärts noch nie angetroffen habe. So ausgezeichnet nun dieses Bier ist, so schlecht steht es aber mit dem Trinkwasser, das nur aus in Zisternen aufgefangenem Regenwasser besteht. Steht es etliche Stunden in einem Gefäße, so ist es schon mit einem grünlichen Schmante überzogen, und wer davon trinkt, dem ist auch das Wechselfieber[21] ganz gewiss. Daher befanden sich, als wir noch keine volle fünf Tage da waren, schon 25 bis 30 Mann von jeder Kompanie im Spital.

---

20 Armurier - (fran.) Waffenschmied, hier: Büchsenmacher

21 Wechselfieber - (veraltet) deutscher Begriff für Malaria, Sumpffieber

Auf dem schönen Rathause am Paradeplatze, welches die Jahreszahl 1711 trägt, befindet sich ein herrliches Glockenspiel, welches und jedes Mal, während wir Inspektion oder Parade hatten, seine Stückchen nach der Reihe spielte, wo es dann manchmal wenn ein schöner *Contre-danse* oder Marsch kam, schwer fiel, stille zu stehen.

Eben als wir in Ostende waren, traten die Äquinoktialstürme ein. Wer sie nicht gesehen hat, kann sich unmöglich einen Begriff davon machen, wie das Meer zur selben Zeit wütet, schäumt und tobt. Man hört es wohl zwei Stunden weit. Auf dem Walle, wo es anschlägt, versteht man wegen des Getöses seine eigenen Worte nicht.

In Ostende wurde ich am 16.September zum Sergeant ernannt. Ende September erhielten wir Befehl, von Ostende weg nach Dünkirchen überzusiedeln, wo wir in eine Kaserne zu liegen kamen. Dünkirchen hat einen geräumigen Seehafen, doch nur für große Schiff während der Flut fahrbar. Mit dem Trinkwasser war es ebenso wie in Ostende, aber das Bier ist nicht so gut. Eine große Zisterne befand sich bei der Kirche, war aber immer verschlossen. Nachmittags schlug der Tambour, dann wurde sie geöffnet, und jede Kompanie bekam ihr Wasser zugemessen.

Während der Zeit, als wir daselbst waren, wurde eine neu erbaute Fregatte fertig. Auf diesem Bauplatze habe ich manche Stunde zugebracht und meine Neugierde befriedigt. Ich hatte auch das Vergnügen, gegenwärtig zu sein, als sie vom Stapel gelassen wurde. Sie war 100 Fuß lang, 30 Fuß breit und hatte zwei Verdeckstockwerke über dem Wasser und war für 50 Kanonen eingerichtet. Aber ein Kriegs- oder Linienschiff erster Klasse, das 110 bis 120 Kanonen hat, auf dem Wasser zu sehen, ist, wie man im gemeinen Leben zu sagen pflegt, ein wahres Meerwunder. Sie sind in drei Etagen oder Stock eingeteilt, daher sie auch Dreidecker heißen. Sie haben auch drei Mastbäume, von denen der mittlere über 100 Fuß hoch ist und unten auch drei Fuß Dicke hat. Ein solches Schiff hat eine Länge von 180 Fuß und eine Breite von 50 Fuß. Die Se gel enthalten mehrere Tausend Ellen Leinwand.

Am 17.Oktober wurde ich in Dünkirchen zum Sergeant-Major ernannt, bekam also zwei silberne Schnüre quer über den Unterarm. Es wurde mir dann eines Tages angezeigt, dass schlechte Frauenzimmer sich nachts bei den Soldaten im Zimmer aufhielten. Der Leutnant und ich machten des Abends die Runde, fanden aber nichts, und doch sollte eine im Zimmer sein. Wir suchten von Neuem, in den Betten und unter denselben, aber umsonst.

Am anderen Morgen erfuhr ich, dass sie die Soldaten in einen Sack gesteckt und vor das Fenster gehängt hatten, trotzdem dass es im 3. Stock war.

Derartige Liderlichkeiten waren die Folge des Müßigganges, der die Soldaten leichtfertig machte. - Bald sollte es anders werden. Allerlei beängstigende Gerüchte über den Feldzug in Russland ginge um. Der Kaiser brauchte neue Soldaten. Obschon er einst der Nationalgarde bei der Errichtung das Wort gegeben hatte, sie nicht über die Grenze zu führen, so musste er dieses Wort doch, als die schöne Armee in Russland zugrunde ging, widerrufen. Er erklärte daher durch ein kaiserliches Dekret sämtliche Kohorten *déliées*, das heißt, sie wurden wie andere Linientruppen angesehen und behandelt. So konnte man auch ein kaiserliches Wort bauen!

Wir erhielten den Befehl, am 13.Januar 1813 von Dünkirchen ab nach Mainz zu marschieren. Unser Marsch ging nun über Nieuwpoort, Ostende, Brügge, Eecloo, Gent und Alost nach Brüssel. Von Brüssel aus ging es nun wieder den Weg nach Mainz, den wir gekommen waren.

In Gent, einer sehr großen Stadt, sah ich die Hausnummer 10020. Es ist daselbst ein sehr schöner botanischer Garten, in welchem ich mich ergötzte.

Als wir in Koblenz ankamen und Rasttag hatten, eilte ich natürlich nach dem Stübchen. Da war bei meiner Ankunft Freude die Fülle. Aber ich sehnte mich auch nach Hause zu den Meinigen.

Am anderen Tage des Morgens frühe nahm ich Abschied, und abends befand ich mich bei ihnen. Ich konnte aber leider nur einen Tag und zwei Nächte bei ihnen verweilen, weil ich in Bingen bei der Kompanie eintreffen musste.

Am 20.März kamen wir in Mainz an. Des anderen Tages wurden wir zum III.Bataillon des 150.Infanterie-Regiments erklärt, und ich ging nun als Sergeant-Major zu der 6.Kompanie oder den Voltigeurs über, weil ich meiner Größe wegen dazu passte.

Die Voltigeurs waren alle von der Größe von 5 Fuß 2 höchstens 3 Zoll, lauter dicke, stämmige, muntere Kerls, und jeder hatte den Tag einen Sous oder beinahe fünf Pfennige mehr als einer in den anderen Kompanien. Gefiel dem Kapitän oder dem Feldwebel einer oder der andere nicht, weil er nicht reinlich oder unmoralisch war, so hatten wir das Recht, denselben gegen einen anderen im Bataillon, der uns gefiel, auszutauschen.

Nur die Grenadiere und die Voltigeurs durften sich einen Schnurrbart wachsen lassen. So wurde mir also auch dieses Vergnügen zuteil. Ich ging daher sogleich und ließ mich rasieren, und zwar so, dass Schnurrbart und Backenbart in der Nähe der Mundwinkel zusammenliefen. So hatte ich bald einen tüchtigen roten militärischen Bart, durch welchen ich freilich von manchem Quartiergeber für schlimmer gehalten wurde, als ich wirklich war.

Zum Beweise, dass ich nicht so rau war, als ich aussah, mag dienen, dass mir die Kinder, wo ich ins Quartier kam, in der ersten Viertelstunde auf den Beinen hingen. Ein Kinderfreund war ich von jeher und bin es heute noch, was Kinder bald merken.

Für die Vorteile, die wir Voltigeurs genossen, mussten wir aber auch immer die Ersten auf dem Marsch, im Wachtdienst und im Gefecht sein. So waren auch unsere Verluste außerordentlich. Trotz aller Nachschübe, die wir bekamen, waren von unserer in Mainz mit 250 Mann gebildeten Kompanie im Herbst nur noch fünf Mann übrig.

Bald war es also bestimmt, dass wir Pulver schmecken sollten. Wir passierten die Rheinbrücke, nachdem wir zuvor jeder sechzig scharfe Patronen gefasst hatten. Es hörte von jetzt an auch der Sold auf, und der Quartiergeber musste uns beköstigen und das zwar nicht schlecht. Napoleon hatte sich den Wallensteinschen Grundsatz zu eigen gemacht, dass sich die Armee selbst erhalten müsse. Doch wurde bei uns auch im Auslande strenge Manneszucht gehalten. Dass dies unter den französischen Regimentern besser geschah als unter den Bundestruppen, werden mir alle Bewohner Sachsens und Schlesiens bezeugen.

Unsere Marschroute führte uns nun über Frankfurt, Friedberg, Gießen, Marburg, Hessen-Kassel, Heiligenstadt und Duderstadt, von wo aus über das Harzgebirge, welches noch tüchtig mit Schnee bedeckt war, so dass wir manchmal bis an die Knie darin wateten, nach dem von freundlichen und gutherzigen Menschen bewohnten Wernigerode.

Wir bekamen auch den Brocken oder Blocksberg zu sehen, der sein mit Schnee bedecktes Haupt bis in die Wolken erhob. Hier war auch nicht ein Soldat mit seinem Quartier unzufrieden. Obschon wir hier Rasttag hatten, so wünschten wir doch, der braven Leute wegen, länger bleiben zu können. Mein Wirt und ich, wir saßen jeden Abend bis 01.00 Uhr bei einem Glase Bier zusammen, auf das ein gutes Kirschwasser folgte. Überhaupt ist der Sachse außerordentlich höflich. Kommt man ins Quartier, so tritt einem der Vater, wie sie den Hausherrn nennen, mit der Mütze unter dem Arm entgegen und reicht die Rechte zum Willkommen, nun kommt die Mutter, dann die Kinder eins nach dem anderen, und jedes sagt: „Seien Sie willkommen, mein Herr!"

Der Vater oder die Mutter fragt nun: „Was ist dem Herrn gefällig?" Dann heißt es weiter: „Will der Herr unter der Zeit, bis das Mittagessen fertig ist, ein Schnäpschen und ein Butterbrot zu sich nehmen?"

Und so geht es fort.

Der müsste doch gewiss ein ganz roher Mensch sein, der gegen solche Leute noch unholdig und grob wäre oder es sein könnte.

In dem Hessischen sind die Menschen nicht so höflich. Da muss ich noch erzählen, war mir in der Gegend von Hessen-Kassel vorkam: An einem regnerischen Tage kamen wir spät ins Quartier und durch und durch nass. Die Einwohner hatten schon Licht angezündet und holten uns vor dem Orte, wo wir die Billets empfingen, mit Laternen ab. Im Quartier angekommen, und zwar mit noch vier Mann, legte ich mich, nachdem ich meine Sachen angehängt hatte, auf die Bank hinter den Ofen. Über meinem Kopfe war eine so genannte Schnalle, eine mit einer Tür versehenen Öffnung, durch welche gewöhnlich das Essen aus der Küche auf den Ofen hereingelangt wurde. Da konnte ich nun alles hören, was in der Küche gesprochen wurde. Die Nachbarin kam zu unserer Wirtin in die Küche und fragte: „Was kochst Du Deinen Soldaten?"

Antwort: „Milchsuppe und Kartoffeln."

„Ja", erwiderte jene, „sind sie auch damit zufrieden?"

„Wenn es ihnen nicht schmeckt, können sie es stehen lassen. Fräßen sie sich nur den Tod in den Leib daran!"

Das sagte ich meinen Kameraden. Als nun das Essen kam, hieß es: „Wo ist das Fleisch? Wo das uns zugehörige Bier?"

Es kam so weit, dass einer seinen Säbel nahm und der Frau ein paar überzählte. Der Mann legte sich ins Mittel und erhielt auch seinen Teil. Es half alles nichts, sie mussten drei Viertelstunden weit nach dem Städtchen hinschicken, um Bier zu holen. Als ich dem Manne die Ursache unseres Benehmens auseinandersetzte, gab er der Frau auch noch ein paar hinters Ohr.

Er gab nun gute Worte und entschuldigte sich damit, dass er ja doch nichts dafür könne, und dass wir doch auch wissen würden, wie unbesonnen die Weiber, besonders mit dem Maule, wären. Er holte einen Schnaps und endlich kam auch das Bier an. Auf Befehl des Mannes musste die Frau noch zwei Pfannen Eier backen. Darüber machte sie zwar kein freundliches Gesicht, aber sie gehorchte. Der Mann aß mit uns, und nun war Friede im Hause. Der Frau sagte ich, sie sollte sich dieses zur Warnung für die Zukunft dienen lassen und wohl hinters Ohr schreiben, auch ihrem Züngelchen einen Zaum antun.

4.Kapitel

Die Schlacht bei Möckern und weitere Gefechte

Wir marschierten von Wernigerode über Halberstadt nach Magdeburg und wurden von da nach Neuhaldensleben einquartiert. Bei Magdeburg kam das Regiment oder die vier Bataillone das erste Mal zusammen. Wir zählten zum Observations-Korps an der Saale und zum V.Armee-Korps, welches der General Lauriston kommandierte. Das Ganze kommandierte der König von Italien.

Zu Magdeburg gingen wir zweimal über die Elbe, um die Stellung des Feindes auszuspähen. Das erste Mal fanden wir keine Spur von demselben und kehrten in unser Kantonnement zurück. Das zweite Mal gingen wir vor bis in die Gegend von Möckern. Es war, wenn ich nicht irre, am 05.April. Das Bataillon blieb auf der Heide jenseits Magdeburg, wir aber, die Voltigeurs, marschierten weiter und kamen in ein Tal. Wir besetzten einen Graben, der mit abgeköpften Weiden bepflanzt war. Vor uns lag ein weit ausgebreitetes Ackerfeld. Ich fragte einen Sergeanten, der ein erfahrener Kriegsmann war und schon seine dutzend Jahre bei den österreichischen Dragonern gedient hatte, warum wir eigentlich hier lägen. „Das wirst Du bald sehen, mein lieber Sergeant-Major", war seine Antwort.

Es waren noch keine zehn Minuten vergangen, so zeigten sich zwei Kavalleristen in der Ferne, die bald rechts, bald links ritten und uns so immer näher kamen. Der eine hatte eine Lanze, der andere den Säbel gezogen. Meiner Meinung nach hatten sie nichts von uns gemerkt. Als sie sich uns nun auf Schussweite genähert hatten und so ganz *legerement* dahinritten, sagte der Sergeant zu mir: „Nun, Sergeant-Major, nimm Dir einen aufs Korn."

Ich weigerte mich, indem es mir gegen die Natur ging, auf einen Menschen anzuschlagen, der mir doch ganz und gar noch nichts getan hatte. Er drang aber im Ernste in mich, und die anderen lachten mich aus. Was sollte ich machen? Ich hob den Kopf gleich einem Frosch über den Damm des Grabens in die Höhe, legte an, zielte nach dem mit dem Säbel in der Hand, und als es krachte, fiel der Säbel zur Erde. Ich hatte ihm wahrscheinlich in die Hand oder in den Arm getroffen. Der andere stieg ab und nahm den Säbel auf, und trotz der anderen Schüsse, die meinem folgten, sprengten beide in gestrecktem Galopp des Weges dahin, von dem sie hergekommen waren. Ich dachte bei mir: Nun hat das Ding ein Ende für heut'..., aber weit gefehlt.

Als beide verschwunden waren, sahen wir große Staubwolken in der Ferne aufsteigen. Was war es am Ende? Artillerie, Kavallerie und Infanterie kamen heran und stellten sich vor uns im Felde auf. Mir wurde nicht wohl ums Herz, und ich dachte: Hättest Du nur nicht geschossen! Und zum Sergeanten sagte ich: „Wir müssen zurück, wir können uns ja doch gegen eine solche Masse nicht zur Wehr setzen."

Er antwortete: „Hier ist kein Fortlaufen möglich, hier heißt es, sich gewehrt!"

So kommandierte ich: „Kompanie, Feuer!"

Der Feind schickte seine Tirailleurs vor. Links und rechts von uns fing es an zu krachen. Hinter uns die Kanonen. Die Kugeln zischten über unseren Häuptern dahin. Es entspann sich ein hitziges Gefecht, und meines Dafürhaltens auf unserer Rechten noch mehr als bei uns. Die Flintenkugeln des Feindes klapperten in die Weidenstämme neben uns. Wir mir da zumute ward, kann man sich leicht denken. Oh, dachte ich, wärst Du wieder in dem Stübchen, zwischen den vier Wänden! Doch als wir recht im Gefecht waren, da verschwand die Furcht nach und nach.

Nachdem der Kampf mehrere Stunden gedauert hatte, zog sich der Feind zurück, und wir auch. Dies kam mir ganz sonderbar vor, und ich verglich es mit Zweien, die miteinander prozessen, und wenn sie eine gute Portion Unkosten gemacht haben, dieselben mit gleichen Teilen bezahlen und ein jeder geht nach Hause.

Es wurde Nacht, ehe wir Magdeburg erreichten und zwar stockfinster. In der Stadt begegneten wir einem Trupp Armeeochsen. Mein Sergeant trieb einen ab und fasste ich an den Hörnern, ohne dass es die Treiber gemerkt hatten. Er kam zu mir und sagte: „Nun untersuch' Du rechts und links die Straße entlang nach einem Metzgerhaken."

Bald hatte ich einen gefunden. Wir klopften an. Der Metzger kam und wir verkauften ihm den Ochsen zu sechs Krontalern. Es war zwar ein geringer Preis. Der Ochse war aber auch nicht fett und kostete uns nichts. Jeder erhielt also drei Krontaler.

Während der Nacht biwakierten wir in der nordwestlichen, ganz zusammengerissenen Vorstadt von Magdeburg. Wir bekamen dort auch Schuhe geliefert, die aber alle so schlecht waren, dass sie noch keine achte Tage bei nassem Wetter aushielten, indem die Sohlen von schlechtem Kopfleder und die Oberschuhe von Lappleder waren. Wurden sie nass, so drehten sie sich um, die Sohlen nach oben und das Oberleder unter den Fuß. Und damit sie in ungebrauchtem Zustande, oder wenn sie aus der Hand der Schuhmacher kamen, steif im Gelenk waren, lag ein Stückchen Holz zwischen der Sohle und der Brandsohle.

Als wir so mehrere Tage in Neuhaldensleben und bei Magdeburg zugebracht hatten, marschierten wir nach Aschersleben und von da nach Bernburg, einem sehr freundlichen Städtchen an der Saale.

Auf der Anhöhe von Bernburg nach Köthen hin, bei den Windmühlen, hatten wir ein kleines Gefecht mit den Preußen. Nun ging es nach der Gegend von Eisleben hin.

Von da aus wurde unsere Kompanie nun als Schutzwache zu den Mineurs[22] kommandiert, welche eine, diesseits der Saale, Wettin gegenüber, von den Preußen aufgeworfene Schanze zerstören sollten.

Es war ein warmer, aber so stockfinsterer Abend, dass man einem in den Sack hätte laufen können, ohne es zu wissen. Dabei zog ein schweres Gewitter über uns hin, wobei Blitz auf Blitz und Schlag auf Schlag folgte. Da sah ich eine Erscheinung, die ich mir nicht erklären konnte. Die Spitzen sämtlicher Bajonette leuchteten, als wären es Wachskerzchen, was doch aller Wahrscheinlichkeit nach von der im Übermaße vorhandenen Elektrizität herkam. Der Kapitän ließ die Bajonette abnehmen wegen der vorhandenen Gefahr.

So trieben wir uns nun in dieser Gegend diesseits der Saale umher, bald rechts, bald links. Endlich am 02.Mai morgens erhielten wir Befehl die Saale bei Merseburg zu passieren, um im Schnellschritt nach Lützen hinzueilen, allwo die Kanonen donnerten, dass der Erdboden zitterte. Zu Merseburg schon fanden wir Tote in Masse, besonders an der Brücke. Sie waren von unserer 1.Division[23], die am Tage zuvor daselbst im Gefecht war. Ein Schauder erregender Anblick, wenn man so die Menschen da umherliegen sah. Es drängte sich einem unwillkürlich die Frage auf: „Warum morden sich die Menschen so? Haben sie einer dem anderen etwas zuleide getan?" Antwort: „Nein! Es geschieht bloß um eines, ehr- und habsüchtigen, nach Ruhm trachtenden, nimmersatten Menschen Willen."

Da bekam ich nun freilich ganz andere Begriffe vom Soldatenstande, als sie sich meine Fantasie malte, wenn ich in dem Stübchen auf dem Kanapee saß. Wir hörten die Kanonen donnern und das Gewehrfeuer ganz deutlich knattern, indem wir nicht mehr weit von dem Schlachtfelde entfernt waren.

---

[22] Mineurs - Spezialisten der kaiserlich französischen Armee, die vorwiegend bei Belagerungen von Festungen und befestigten Städten zum Einsatz kamen. Im Jahre 1812 existierten zwei schwache Mineur-Bataillone.

[23] Die 1.Divison bestand aus dem 151.Linien-Regiment (vier Btl.), dem 152.Regiment (vier Btl.) und dem 153.Infanterie-Regiment (vier Btl.). Dazu kamen noch zwei Batterien des 1.Artillerie-Regiments zu Fuß, je eine Kompanie des 3. und 4.Train-Bataillons und eine Kompanie des 6.Sappeur-Bataillons.

Ein Wagen hinter dem anderen begegnete uns, mit Blessierten beladen. Dem einen war ein Arm, dem anderen ein Bein, einem dritten beide Beine zerschmettert oder abgeschlagen. Wo nun dieser herkamen, dahin sollten und liefen wir, und zwar mit solcher Hast, dass wir von Schweiß trieften.

Als wir das Schlachtfeld erreicht hatten, kam ein Adjutant in gestrecktem Galopp zu unserem Divisionsgeneral herangesprengt und bezeichnete demselben den Ort, wo wir uns aufstellen sollten und befahl noch dabei, zu eilen, weil es auf unserer Seite schwankte. Mit uns trafen noch mehrere Bataillone von unserem Armee-Korps ein, begleitet von mehreren reitenden Batterien, die so im Galopp ankamen, dass der Erdboden erdröhnte. Jetzt ging's unter dem Rufe: „*Vive l' empereur, en avant*!"[24] ins Feuer.

Unsere Gegner standen fest wie die Mauern. Endlich mussten sie doch weichen. Nur unsere Kompanie Voltigeurs nahm Teil am Gefecht, die übrigen Kompanien nicht. Wir hatten etliche Blessierte. Den Kaiser sah ich den feindlichen Kugeln ausgesetzt, sogar vorn bei den Tirailleurs. Mehrere Granaten zerplatzten nicht weit von ihm entfernt.

In dem des Abends erschienenen Armeebefehl hieß es auch unter anderem: „Der Kaiser sagte zu seiner Umgebung: Schon 20 Jahre kommandiere ich französische Armeen, aber nie habe ich solche Tapferkeit und solche Hingebung gesehen als bei diesen Rekruten und Kohorten."

Mein alter Sergeant war mit dem Ausgang der Schlacht recht unzufrieden. Er war gewohnt, überall, wo der Kaiser sich zeigte, zu siegen. Dass dies heute nicht gelingen wollte, verdarb ihm den Humor.

„Du wirst sehen", sagte er, „in dieser Ebene verbluten wir noch alle. Der Kaiser ist seit Moskau nicht mehr der alte."

Er muss eine Vorahnung seines Endes gehabt haben, der alte Sergeant. Denn wenige Tage darauf stach ihm bei einem Gefecht mit den Kosaken einer eine Lanze in die Brust, dass er lautlos zu Boden fiel und ohne ein Zeichen von Schmerz seine Seele aushauchte.

Von jetzt an wurden wir nicht mehr einquartiert, sondern biwakierten im freien Felde oder in den Ortschaften in Bitzen und Gärten. Hatten wir uns gelagert, oder vielmehr waren wir an dem Orte unserer Bestimmung angekommen, so wurde Appell abgehalten, und die Soldaten gingen aus, etliche nach Holz, etliche nach Gemüse, andere nach Stroh. Es war nämlich sehr selten, dass wir etwas geliefert bekamen.

Als wir nun des Abends vom Schlachtfelde weg zu unserem Bataillon zurückkehrten, hoben wir noch - ich glaube, es war in einer Mühle - ein Nest

[24] „*Vive l'empereur, en avant*!" - (fran.) „Es lebe der Kaiser, vorwärts!"

von Spanferkeln aus, die wir des Abends an den Spieß steckten und über den Kohlen brieten. Wir hatten unsere Feuer an einem Fichtenwalde, von wo aus wir Leipzig sahen.

Am anderen Tage des Morgens waren unsere Gegner verschwunden, das heißt sie hatten sich des Nachts zurückgezogen. Wir brachen nun auch auf, ließen Leipzig rechts liegen, passierten die Mulde bei Wurzen und kamen nach Oschatz, in dessen Fluren wir etliche Tage biwakierten.

Von Wurzen nach Oschatz wurde unsere Kompanie vom Bataillon abgeschickt, detachiert, um die umgrenzenden Ortschaften und Gehölze zu durchsuchen, ob sich nicht noch einige Streifkorps Kosaken da herumtrieben.

Wir trafen in einem Dorfe, dessen Name mir unbekannt blieb, wirklich einige an. Als ich durch einen Garten in das Dorf kam, gewahrte ich unten im Dorfe einen, drückte auf ihn ab, schoss aber an ihm vorbei, wahrscheinlich, weil es bergab ging, zu hoch oder über ihn weg, und die Kugel fuhr einer Frau, die weiter drüben im Orte auf der Gasse sich befand, unten am Knöchel in den Fuß. Die arme Frau winselte und jammerte, dass es zum Erbarmen war. Es war aber nicht zu ändern. *C'est la guerre*!

Die Kosaken aber, die überhaupt die Kugeln fürchteten, machten sich aus dem Staube. Wir sammelten uns im Orte, ließen uns Brot, Butter und Schnaps bringen und befriedigten unseren Magen. Wir nahmen auch noch etwas auf den Marsch mit.

Während die anderen Kompanien im Biwak lagen, durchstreiften wir Wälder und Ortschaften, machten sozusagen Bahn, ließen uns königlich bewirten und kehrten sodann abends zum Bataillon zurück.

Von Oschatz gingen wir über Dahlen und Schilda nach Torgau, oberhalb dessen wir auf einer geschlagenen Brücke die Elbe passierten. Wir lagen mit der ganzen Division etliche Tage daselbst auf der freien Erde. Die Städte mussten wir immer umgehen.

Als wir von da aufbrachen, ging's wieder bald rechts, bald links, bald aufwärts, bald abwärts, und so kamen wir nach Liebenwerda, Senftenberg, Hoyerswerda, Kamenz und Bischofswerda, welch letzterer Ort ganz in Asche lag und noch so glimmte, dass wir der Hitze wegen fast nicht hindurch konnten. Ob es von den Russen oder den Franzosen in Brand gesteckt worden ist, dass weiß ich nicht, so viel aber habe ich gehört, dass es von den Russen geplündert worden wäre, und dass Napoleon den Verunglückten 25.000 Taler geschenkt habe.

Auf diesem Marsche waren wir immer aufs Rekognoszieren[25] vom Bataillon detachiert. Wir hatten zwar dadurch nicht Mangel an Lebensmitteln, aber manchmal, wenn wir so ein Gehölz durchstreiften, stießen wir unvermutet auf den Feind, und es gab manchen Nasenstüber.

Am 19.Mai nachmittags hatten wir im Walde zwischen Bautzen und Bischofswerda mit dem Nachtrab unserer Gegner ein starkes Kleingewehrfeuer, dass bis spät in die Nacht dauerte. Wir sahen am Ende einander gar nicht mehr und ein jeder schoss dahin, wo er das Feuer eines feindlichen Gewehres erblickte. Freilich diente das zu nichts weiter, als um die Patronen zu verschießen. Wir blieben des Nachts in aller Stille, mit ausgestellten Vorposten und ohne Feuer, im Walde liegen.

Am 20.Mai brachen wir, noch ehe es Tag wurde, mäuschenstill auf, gegen die bei Bautzen aufgestellte Armee der Verbündeten zu marschieren, und nahmen unsere Stellung sozusagen fast hinter ihrem rechten Flügel, wahrscheinlich um ihnen in den Rücken zu fallen oder sie zu umgehen.

Dies müssen sie aber ausgespäht haben, denn als es Tag wurde, sahen wir von der Anhöhe herab, auf der wir standen, dass sie ihre Stellung veränderten. Unser Regiment wechselte auch seine Stellung, und wir, unser Bataillon nämlich, kamen auf eine andere Anhöhe, von wo aus wir fast das ganze Schlachtfeld übersehen konnten. Gegen 08.00 Uhr des Morgens fing es an zu krachen, und auf unserer Rechten überschritten unsere Leute die Spree.

Es ist wahrlich schauderhaft, von einer Anhöhe herab die Schlacht in der Ebene übersehen zu können, wo mehrere hundert Feuerschlünde und dabei die Gewehre der Tirailleurs Feuer und Dampf ausspeien, um Menschen und Vieh zu vernichten, und wenn acht bis zehn Ortschaften in Flammen auflodern, wie da geschah. Ja, es war herzzerreißend, zu sehen, wie die Einwohner scharenweise aus den brennenden Dörfern herauskamen, mit Bettungen und Kleidungsstücken beladen, ihre Kinder an der Hand oder den Säugling auf dem Arme, den Verlust ihrer Habe beweinend, und dem Gebüsche zueilten. Es ist für einen gefühlvollen Menschen gewiss empfindlich, anzusehen, wie Greise an ihren Stäben, von Altersschwäche zitternd, nach dem Walde hinwanken. Ja, ich habe mit eigenen Augen gesehen, dass der Sohn oder Eidam[26] die Mutter, welcher ihre Gebeine den Dienst versagten, auf einem Schubkarren nach dem Gebüsche zu bringen suchte. Sogar das Vieh irrte umher und wusste nicht, wo ein und wo aus. Gänse, deren es in dieser Gegend so viele gibt, flatterten da in Scharen von mehreren Hundert umher,

---

[25] Rekognoszieren - (veraltet) Aufklärung

[26] Eidam - (veraltet) Schwiegersohn

und wie viele wurden des Abends im Biwak gebraten. Fast auf jedem Tornister sah man eine Gans festgeschnallt.

Hier werden Sie mir erlauben, in der Kürze zu sagen, wie wir sie brieten: Die Gans wurde, ohne gerupft zu sein, aufgeschnitten und ausgeweidet, und, nachdem sie inwendig rein gewaschen, wurden sie mit einem Holze zugespengelt, in den Federn und dick über dieselben mit angemachtem Lehm bestrichen und so in die glühenden Kohlen verscharrt. Hatte sie ihre Zeit gelegen, so wurde sie herausgenommen. Mit der nun gebrannten Lehmkruste gingen alle Federn und Haare mit aus und der Braten war fertig. Schöpsen- oder Hammelbraten wickelten wir in Papier ein und verscharrten ihn ebenfalls in den Kohlen. Das Papier verbrannte nicht, sondern verkohlte nur, und es gab einen herrlichen und wohlschmeckenden Braten.

Am 21.Mai, als es Tag wurde, begann der Angriff von Neuem. Unser Korps warf sich auf den rechten Flügel der Verbündeten und schlug ihn zurück. Wir kamen auch an diesem Tage gut weg, denn nur eine Stunde war unsere Kompanie im Tiraillieren, und nur einige Kanonenkugeln zischten über uns hinweg, ohne zu treffen.

Nachmittags 03.00 Uhr, es kann auch vielleicht 04.00 Uhr gewesen sein, fingen die Verbündeten an, sich zurückzuziehen, und zwar in solcher Ordnung, wie es den Franzosen unmöglich ist. Wir konnten dies deutlich sehen, weil wir abermals auf einer Anhöhe standen. Eine Kanone, die unten im Tale stand, wollte uns noch mit ihren Kugeln zum Abschiede beehren. Die erste fuhr in eine Kiefer, als eben einer unserer Voltigeurs darauf beschäftigt war, Äste für das Feuer herunterzuhauen. Er kam, ohne getroffen zu sein, kopfüber, kopfunter herunter und sah vor Schreck totenblass aus. Die Kugel hatte freilich keine zwei Fuß unter ihm den Baum gestreift und ein paar Äste abgeschlagen.

Da ging der Kanonier Simon, jetzt Rotgerber und Wirt in Kirn an der Nahe, und brannte eine von der Batterie, die bei uns stand, auf die feindliche ab. Der zweite Schuss zertrümmerte die Lafette der Feinde. Die Mannschaften ließen alles auf einem Haufen liegen und eilten davon. Wir aber hatten Ruhe. Übrigens war diese Schlacht sehr mörderisch gewesen, denn das Schlachtfeld war dick mit Toten übersät.

Wir kamen nur zur Arrieregarde, zum Nachtrab, und marschierten auf Reichenbach zu, wobei wir nicht weit von dem berühmten Hochkirch[27] vor-

[27] Der Ort nahe Bautzen wurde durch die Schlacht von Hochkirch im Siebenjährigen Kriege bekannt, als am 14.Oktober 1758 die Österreicher unter Graf von Daun die preußischen Truppen unter König Friedrich II. innerhalb weniger Stunden vernichtend schlugen.

beikamen. Wir lagerten uns bei einem großen Gebäude in der Nähe von Reichenbach.

Dann ging's weiter nach Görlitz und Lauban, von da nach Löwenberg. Wir lagerten uns in dem Felde nicht weit von der Stadt entfernt. Hier sah ich auch das schöne Regiment der Karabiniers[28] mit ihren glänzenden gelben Kürassen. Die Pferde einer Schwadron waren alle von einer und derselben Farbe. Es war eine prachtvolle Kavallerie.

Auf diesem Felde kam der Kaiser zu uns, ließ das Regiment in einem Zirkel um sich schwenken, stellte sich hin mit untergeschlagenen Armen und hielt eine lange Rede. Nach ihr enthüllte er eine reich mit Gold gestickte Fahne, die mit dem kaiserlichen Wappen und unserer Regimentsnummer **150** und oben darauf mit einem übergoldeten Adler versehen war, und überreichte sie mit den kaiserlichen Händen unserem Obersten.

In seiner Rede sagte er unter anderem, wie wir uns jederzeit in Gefahr um diese Fahne versammeln sollten und sie nicht eher verlassen dürften, bis sie von unserem Blute getränkt sei. Was er weiter sagte, ist mir entfallen, auch habe ich nicht alles verstanden. Als er geendet hatte, erhob er die Rechte, was es uns auch zu tun befahl. Dabei sollten wir ausrufen: „*Je le jure*!"[29]

Da rief nun einer: „Gib uns Brot!", der andere: „Gib uns Schuhe!", weil in diesen Artikeln Mangel war.

Ich aber rief: „*Je le jure*!"

Von da brachen wir jetzt auf und kamen nach Bunzlau, dem Orte der Hafner, wo ich aber vergaß, mir den großen Topf zeigen zu lassen, der seiner Größe wegen als Wunderwerk gilt.[30]

Wir lagerten uns zwischen Bunzlau und Haynau neben der Straße in einem Fichtenwalde. Schon seit sechs Tagen bekam ich jeden Tag das Fieber, und dann musste ich liegen. Auch war mir der Magen sehr angeschwollen und zwar nicht vom vielen Essen.

Am anderen Tage kam Befehl, die Voltigeurkompanien sollten schnellen Schrittes nach Haynau hin rücken. Es war, wie ich glaube, am 24.Mai. Unsere Berufung dahin geschah deswegen, weil der General Maison, der die Avantgarde, den Vortrab, führte, von der preußischen Kavallerie überfallen

---

[28] Die beiden Regimenter der Karabiniers standen zu dieser Zeit mit dem 1.Kürassier-Regiment unter dem Kommando des ***Général de brigade*** Bouvier des Eclats in der 2. Kürassier-Division des II.Kavallerie-Korps.

[29] „*Je le jure*!" - (fran.) „Ich schwöre es!"

[30] Dieser "Großen Topf" wurde im Jahre 1753 von dem einheimischen Töpfer Joppe angefertigt. Er war mit 2,15 m Höhe das größte Beispiel der Bunzlauer Keramik und wurde leider 1945 mit der Eroberung der Stadt durch die Rote Armee zerstört.

und in die Flucht geschlagen worden war und dabei einen bedeutenden Verlust erlitten hatte.

Auf dem ganzen Wege begegneten uns Blessierte, die durch die Kavalleriesäbel zum Erbarmen zugerichtet waren. Sogar eine Marketenderin sah ich, die drei oder vier Hiebe im Gesichte hatte.

Als wir aber nach Haynau kamen, begegnete uns die ganze Division, in Retirade[31] begriffen. Alles ging, wie es gewöhnlich bei den Franzosen zu gehen pflegte, bunt durcheinander, und alle schrieen: „*Les cosaques, les cosaques*!"

Da kam auch ein panischer Schrecken unter die Voltigeurs, und wir machten mit den anderen kehrt. Ich aber, da mich eben das Fieber überfiel, konnte nicht weiter und kauerte mich daher aufs Pflaster hinter einen Brunnen. Die Hufe der Pferde oder die Räder der Fuhrwerke würden mich zermalmt haben, wenn nicht die Brunnenkiste mich gedeckt hätte. Es gingen mehrere Einwohner an mir vorüber, welche sagten: „Siehe, da liegt auch noch einer und ist am Krepieren."

Doch, wie es überall gute und böse Menschen gibt, so war es auch hier in Haynau. Auf einmal führte mein Schutzengel einen Mann herbei, der mich mit den Worten ansprach: „Wie geht's, Landsmann?"

„Es geht mir schlecht, denn ich habe das Fieber", war meine Antwort.

Er hob mich auf, nahm mein Gewehr und hängte mich in seine Arme. Da es aber auf diese Art nicht recht gehen wollte, so hing ich mich ihm mit Sack und Pack auf den Rücken, und er trug mich in seine nicht weit davon entfernte Wohnung, wo ich noch drei verwundete Franzosen antraf. Er machte mir ein Bett auf der Ofenbank und schenkte mir bald eine Tasse Isländisch-Moostee ein. Das Fieber war bald vorüber und ich stand auf. Bald hatte er auch in seinem Kaminchen eine gute Biersuppe mit Kümmel gekocht, und diese war so zubereitet, dass ich keine gegessen habe, die mir so gut mundete. Nun reinigte und verband er den anderen ihre Wunden.

Wer war denn dieser gute Mensch, und was bewog ihn zu dieser Tat? Es war ein Seilermeister mit Namen Wilhelm Hofmann. Aus welchen Beweggründen er so handelte, weiß ich nicht. Nur das weiß ich, dass er ein Menschenfreund und ein guter Christ war und der Lohn für seine edlen Taten folgte ihm auf dem Fuße. Nämlich bei der Retirade der Franzosen zur Haynau hatten mehrere Bürger aus den Fenstern heraus auf die Fliehenden geschossen. Die Franzosen kamen bald wieder zurück und die Stadt wurde zur Strafe während zwei Stunden zum Plündern preisgegeben. Noch aß ich an meiner Biersuppe, da kam mein Wohltäter auf einmal totenblass zur Türe herein mit den Worten: „Wir sind verloren, die Stadt wird geplündert!"

---

31 Retirade - (fran.) Rückzug

Ich hing sogleich meine Sachen um, nahm mein Gewehr und stellte mich an der Haustüre auf. Ein Verwundeter, mit seinem Arm in der Binde, stand ohne Gewehr inwendig.

Gott, was war das für ein Anblick, zu sehen, wie es in den Häusern aus und ein ging, wie den Leuten alles weggeschleppt und zerstört wurde! Sogar die Federn wurden aus den Betten vor die Türen geschüttet und trieben in der Luft umher. Kaufläden und Tuchfabriken, deren es ziemlich viele dort gibt, wurden entleert. Mehrere kamen und wollten in das Hofmannsche Haus eindringen; da ich ihnen aber sagte, dass in diesem Hause ***ambulance***[32] sei, gingen sie weiter.

Der Strudel ging vorüber, und meinem lieben Hofmann war nicht einmal ein Strohhalm verletzt worden. Noch muss ich bemerken, dass während der Kanonade die Frau Hofmann mit einem Knäbchen niederkam, das am anderen Tage getauft wurde und den Namen Eduard erhielt.

Noch mehrere Tage genoss ich der Pflege des guten Mannes und wurde wie sein eigenes Kind behandelt. Als aber das Fieber jeden Tag kam, und trotz aller angewandten Mühe des guten Mannes es nicht besser mit mir werden wollte, so riet er mir, in ein Spital zu gehen, was ich freilich sehr ungern tat. Er gab mir acht Groschen Reisegeld und ich machte mich auf den Weg nach Liegnitz. Unterwegs bog ich mich über ein fließendes Wasser und löschte den brennenden Durst. Als ich mich aufrichtete, lag ungefähr acht Schritte oberhalb ein dick aufgetriebener und gänzlich entkleideter Leichnam im Wasser, wahrscheinlich noch von dem Überfall herrührend.

Matt und krank erreichte ich endlich Liegnitz, wo ich bei dem Stadtkommandanten erfuhr, dass unser Regiment nach Breslau vorgerückt sei. Dahin nachzumarschieren, dazu fühlte ich mich viel zu schwach. Ich entschloss mich daher, in Liegnitz ins Spital zu gehen und ließ mir dazu einen Zettel ausfertigen.

5.Kapitel
Im Lazarett und im Lager

Das Spital war als ein Feldspital erst im Entstehen und daher zur Stunde noch in sehr schlechter Ordnung. Mit einem sächsischen Dragoner mit roter Uniform lag ich einen und einen halben Tag in demselben Zimmer auf der Streu, ohne einen Aufwärter zu Gesicht zu bekommen. Wir verschmachteten

[32] Ambulance - (fran.) Feldspital, Feldlazarett

daher vor Durst und konnten doch nichts zum Trinken erhalten. Man denke sich nun diese Qual!

Am anderen Morgen wurden wir endlich erlöst und ich kam in ein Zimmer, in dem Betten standen und zwar in das Bett Nr. 1 zu einem anderen, der sehr krank war. Schon in der ersten Nacht hörte ich ihn nicht mehr atmen, untersuchte ihn und siehe, er war eiskalt und mausetot. Während gewiss zwei Stunden, wenn nicht noch länger, arbeitete ich bald mit dem Oberleibe, bald mit den Füßen, soviel es mir meine Kräfte erlaubten, um ihn aus dem Bett zu bringen; auf einmal - plumps - und er lag auf dem Boden.

In den ersten Tagen war ich ziemlich munter, obgleich auch sehr schwach und wenn der Verwalter die Portionen austeilte, nahm ich die Liste und las ab, was und wieviel jeder nach Vorschrift des Doktors erhalten sollte. Ich tat das im Bette sitzend und wurde so sehr gut mit dem Verwalter sowie dem Doktor, der ein Holländer war und Deutsch sprach, bekannt, was mir das Leben rettete.

Ich war also in das Zimmer gekommen, in dem die schwer Erkrankten lagen. Hatte ich die Nervenkrankheit[33] auch noch nicht, so bekam ich sie jetzt. Ich lag drei Tage ohne jedes Bewusstsein und redete irre. In der Nervenhitze stand ich auf, jagte die Fliegen an der Wand, unter dem Vorwande oder in dem Wahne, es seien Russen. So sagten mir nämlich die anderen, als ich wieder zu mir gekommen war.

Am vierten Tage des Morgens warf ein Krankenwärter die Bettdecke über mich in der Meinung, ich sei tot, nahm mir meine Sachen und zog den goldenen Ring ab. Der Verwalter, ein Major, kam bald darauf und ließ sogleich den Doktor rufen. Dieser untersuchte mich, schickte in die Apotheke, ließ etwas holen und strich es mit mit den Fingern in den Mund. Es muss nichts Wohlschmeckendes gewesen sein, denn meine Lebensgeister erwachten; es würgte mir im Halse und ich fing an leise zu atmen.

„Blexem", sagte der Doktor, „Er lebt noch."

Dieses hörte ich, und noch glaube ich es zu hören. Ich holte tief unten herauf Atem, streckte mich, zwar nicht lang, und sagte: „Jetzt habe ich gut geschlafen."

„Ja", sagte der Major, „Du warst bei einem Haar zum ewigen Schlafe hinübergeschlummert."

Durch Beihilfe des Verwalters erhielt ich wieder mein Gewehr, Tornister und Ring wieder. Aber es fehlte ein Hemd.

„Meinetwegen", dachte ich, „besser ein Hemd als das Leben verloren."

---

[33] Nervenkrankheit oder Nervenfieber wurde zum damaligen Zeitpunkt für die fieberhafte Infektionskrankheit Typhus benutzt.

Als nun alles ruhig war, faltete ich meine Hände und hob meine Augen zu dem empor, der der Arznei die Kraft gegeben hatte, mich wieder ins Leben zurückzurufen, und dankte ihm von ganzem Herzen und von ganzer Seele. Ich dankte aber auch dem Doktor und dem Verwalter.

In diesem Spital war eine so große Sterblichkeit, dass jeden Morgen bei Tagesanbruch ein Wagen voll zur Gruft gefahren wurde, die alle aufeinander in eine Grube geworfen wurden. Die Krankenwärter waren Menschen der niedrigsten Klasse, ohne Gefühl und Mitleid. Es geschah vielleicht, dass mancher, der noch nicht tot war, starb, wenn sie ihn in einem Betttuche die Treppe hinabschleppten, wo alsdann der Kopf von einem Treppentritte auf den anderen aufschlug. Es ereignete sich sogar einmal, dass eines Morgens, als aufgeladen werden sollte, zwei, die wieder aufgelebt waren, unter den Toten saßen. Wieviel Muttertränen mehr würden geflossen sein, wenn manche das Ende ihres geliebten Sohnes mit angesehen hätte, und wie er da in die Grube geworfen wurde, ohne zu berücksichtigen, wie er lag.

Jetzt bekam ich während drei Tagen jede Mahlzeit drei gekochte Zwetschen mit einem Löffel voll Brühe daran, und zwischen den Mahlzeiten gab es Chinarindenpulver und zum Getränk Tee aus Leinsamen. Beides war kein Leckerbissen, sondern man hatte es schon satt, wenn man es zu Gesicht bekam oder an den Mund brachte. Nach und nach wurden die Portionen verstärkt, es gab Fleischbrühe und Wein, doch natürlicherweise nicht viel. Denn in den französischen Spitälern war die Hungerkur eingeführt. Man wurde so matt, dass man die Wegesteuer, wie man zu sagen pflegt, nicht mehr hatte. Auf zwei Branntweingläser voll Wein, die mir der Major und Spitalverwalter einschenkte, schlief ich ununterbrochen einen Tag und eine Nacht, so schwach war ich.

Mittlerweile wurde der Waffenstillstand abgeschlossen, und es kam ein Marschbefehl, dass alle in den Spitälern Schlesiens befindlichen Deutschen nach Dresden übergesiedelt werden sollten. Wir also, an Deutschen achtzig Mann, wurden auf Wagen geladen und von Station zu Station weiter gebracht. Was wir bei diesem Transporte ausgestanden haben, lässt sich gar nicht denken. Bei mir war die Krankheit zwar gehoben, aber ich war so matt und schwach, dass ich mir fast nicht selbst aufhelfen konnte, wenn ich dalag.

Kamen wir des Abends auf der Station an, so hing uns der Fuhrmann einen nach dem anderen auf den Rücken und schleppte uns in die Scheuer, wo auf der Tenne eine Streu zurechtgemacht war. Die Bauern sollten uns morgens und abends eine gute Suppe reichen, aber sie fürchteten sich vor der

Krankheit, und unsere Militärbegleitung lag in ihren Quartieren und ließ es sich wohl sein. Daher ging es uns, was das Essen betraf, sehr schlecht.

In Haynau, wo wir am Hofmannschen Haus vorbeifuhren, bat ich den Fuhrmann, ein wenig anzuhalten, und mein unvergesslicher Wohltäter schenkte mir abermals acht Groschen.

In Görlitz war Rasttag und wir wurden in eine große Kirche abgeladen. An der Tür stand eine Schildwache, die Befehl hatte, keinen heraus- und niemand hineinzulassen. Doch gelang es mir durch die Sakristei, die auch eine Tür nach außen hatte, hinauszuschlüpfen und das Freie zu gewinnen. Gegenüber war auf einer hohen Vortreppe ein Gasthaus, wo ich viele Bauern aus und ein gehen sah. Es schien mir, als wäre Wochenmarkt gewesen.

Ich entschloss mich, auch in dieses Haus zu gehen. Als ich in die Stube trat, gewahrte ich, dass sich die Leute Gemüse mit Hammelfleisch wohlschmecken ließen. Es waren Kohlrüben und Wirsing mit Hammelfleisch. Der Mund wässerte mir auch danach, aber zu allem Unglück hatte ich meine paar Groschen im Tornister und dieser lag in der Kirche. Was war nun zu tun? Ich besah meinen Ring und dachte, wenn es nicht anders ist, so muss der springen und ging es mir ans Herz, aber der Hunger und das schöne Hammelfleisch waren stärker!

Der Wirt, ein freundlicher Mann, kam zu mir und fragte, was ich begehrte. Ich rückte nun mit meinem Anliegen, aber auch mit meiner Armut heraus. Wir wurden mit dem Ring handelseinig und er brachte mir eine gute Portion. Ich gab ihm den Ring mit Tränen in den Augen. Obgleich es mir in meinem Leben immer gut geschmeckt hat, so habe ich doch nie mit einem solchen Appetit gegessen wie dieses Mal. Ich bemerkte auch, dass der Wirt mir von Ferne zusah.

Als die Portion verzehrt war, kam er und fragte, ob ich noch eine verlangte. Hunger hätte ich wohl noch, war meine Antwort, allein, einmal möchte es mir nicht wohlbekommen, und dann wüsste er wohl, wie es mit meiner Kasse stünde. Er ging und brachte mir noch eine Portion. Auch diese nahm ich und verzehrte sie mit gutem Appetit. Nun fragte ich nach der Rechnung.

Der Wirt gab mir meinen Ring und sagte: „Ich habe Ihnen mit Vergnügen zugesehen, wie es Ihnen so außerordentlich gut geschmeckt hat, und dass Ihnen mit dem Ring ein Stück vom Herzen ging. Wahrscheinlich werden Sie denselben zum Andenken erhalten haben, darum zahlen Sie nichts."

Mit Tränen in den Augen dankte ich ihm für seine Güte, aber auch dem, der das Herz des Menschen lenkt wie Wasserbäche. Ich verließ das Wirtshaus und schlich mich wieder in die Kirche, um hineinzuschlüpfen, wie ich herausgekommen war. Obgleich die Mahlzeit eine starke Zumutung für meinen Magen war, ging es doch ohne nachteilige Folgen vorüber.

Hier fällt mit noch etwas ein, worüber ich jetzt noch lachen muss. Es war in einem Dorfe zwischen Görlitz und Bautzen. Wie es heißt, kann ich nicht mehr sagen. Da lagen wir auch des Nachts in einer Scheuer im Stroh. Ein Sergeant von unserem I.Bataillon lag neben mir. Wir hörten ganz in der Nähe der hinteren Türe zu eine Mühle klappern. Ich sagte zu meinem Nachbar: „Wären wir in dieser Mühle, da gäbe es vielleicht eine gute Suppe."

„Lasst uns dahin gehen", sagte er.

„Aber wie kommen wir hin?", fragte ich. Denn vor dem Tore stand eine Schildwache.

„Ach, wir gehen hinten hinaus", meinte er.

„Ja, wenn es nicht zu hoch ist", versetzte ich, „oder wenn der Teich oder gestautes Wasser sich da befände?"

Dabei war es so finster, dass man seine eigene Hand nicht vor den Augen sah.

„Ich probiere es", sagte mein Kamerad, „es gehe, wie es will."

Er legte sich mit dem Leibe auf die Schwelle und rutschte hinab, so weit er konnte, fand aber keinen Boden; endlich, als er immer mehr nachgab, konnte er sich nicht mehr halten und musste die Hände loslassen und - plumps -, da lag er unten auf dem Boden. Jetzt, als er sich wieder zusammengerafft hatte, redete er mir zu, ihm zu folgen und versprach mir, mich unten bei den Füßen zu fassen. Ich versuchte es, aber meine Füße waren zu kurz. Endlich konnte ich mich auch nicht mehr halten und musste mich folglich auch fallen lassen. Er wollte mich im Fallen fassen, allein wir fielen beide zu Boden, rafften und jedoch bald zusammen und fanden glücklich die Mühlen- oder Haustür, aber sie war verschlossen.

Die Leute aber waren noch nicht zu Bette. Anfangs, als sie hörten, wer es wäre, wollten sie nicht aufmachen, weil sie sich vor der Krankheit fürchteten. Wir setzten ihnen auseinander, dass wir nicht mehr krank, sondern bloß matt und schwach wären, und verlangten eine gute Suppe. Da öffneten sie die Türe und wir traten ein. Die gute Müllersfrau, der man das gute Herz in den Augen lesen konnte, ging sogleich in die Küche und es dauerte nicht lange, so kehrte sie zurück mit einer guten Portion Wassersuppe mit Weißbrot, Pfeffer und Zwiebeln. Ach, wie gut schmeckte uns dieses! Wir fühlten uns danach erquickt und gestärkt. Die Frau Müllerin gab noch jedem eine zusammengelegtes Butterbrot und der Müller stellte uns eine Leiter an die Tür. So kehrten wir wieder in unser Lager zurück.

Am anderen Morgen ging es weiter. Wir fuhren über das Ackerfeld und da dieses auf schmale Stücke geackert war, so ging es jick, jack, schlipp, schlapp, so dass man glaubte, alles ginge im Leide durch- und übereinander.

So kamen wir dann, nachdem wir noch viel auf der Reise ausgestanden und gelitten hatten, in der Neustadt in Dresden an.

Wir kamen in den dritten Stock des Spitals. Der Saal war groß und geräumig, aber es war kein Bett und kein Stroh in ihm zu sehen. So lagen wir nun da auf den Dielen und gewahrten bald ein Volk, klein von Person, das teils im Parademarsche, teils auch im Galopp an den Beinkleidern heraufmarschierte. Widerstand zu tun, daran war nicht zu denken, indem die Übermacht zu groß war. Es musste darum eine gute Retirade ersonnen werden.

Dabei lag noch einer in der Nähe bei uns, der eine starke Kopfwunde hatte, wodurch er fantasierte. Er rief in der Tollheit seinen Vater und seine Mutter um Hilfe an, betete und sagte das christliche Glaubensbekenntnis, kurz, jeder Mensch, der nicht eben ein steinern Herz im Busen trug, musste bis zu den Tränen gerührt werden. Endlich kam so ein Milchbart von Arzt, ging zu ihm, fühlte nach dem Pulse und sagte: „*N'est-tu pas encore crevé?*"[34]

Um uns bekümmerte sich kein Mensch. Wir wurden weder nach dem Durst oder Hunger noch viel weniger nach der Krankheit gefragt. Ich weiß nicht, war es am zweiten oder dritten Tag, da sagte ich zu meinem Nebenkameraden, dem Sergeanten vom unserem I.Bataillon, dem nämlichen, der sich an der Scheuertür herabließ: „Hier ist nicht gut sein, hier wollen wir uns keine Hütte bauen, wir müssen vielmehr darüber nachdenken, wie wir es anpacken, um so bald wie möglich aus dieser Mördergrube herauszukommen."

Nach einer kurzen Beratung rafften wir uns zusammen, nahmen unsere Sachen und schleppten uns, so gut wir konnten, die Treppe hinab. Wir suchten dann die Schreibstube des Oberarztes auf und forderten unsere Entlassungszettel, weil wir gesund und nur noch etwas schwach seien. Wir erhielten diese ohne Einrede, mit der Weisung aber, zu dem nicht weit in der Stadt entfernt liegenden Rekonvaleszenten-Bataillon zu gehen. Das war nun freilich ein *pêle-mêle*, ein Durcheinander, daher behagte es uns ganz und gar nicht, dorthin zu gehen. Wir entschlossen uns nun, uns zu unserem Regiment in Schlesien zu schaffen, koste es, was es wolle. Zuvor aber betrachteten wir die schöne Elbbrücke und des Kaisers Pferde, die da zusammen in einem Stalle standen.

Sodann suchten wir auf Nebenwegen aus der Stadt zu kommen und gingen längs der Elbe aufwärts. Eine Frau, welche Kirschen pflückte, warf uns eine gute Portion herab, die uns zwar nicht so gut bekamen, als sie uns schmeckten. Nun schlugen wir einen Weg ein, der den Berg hinaufführte. Da hinauf ging es nun freilich im Schneckenmarsche, aber wir erreichten doch zum Glücke noch ein Dörfchen, ehe es Nacht wurde.

---

34 - (fran.) „Bist Du noch nicht krepiert?"

Eine Frau, der die Freundlichkeit auf dem Gesichte stand, sprach ich um Nachtquartier für uns beide an. Anfangs zwar wollte sie Einwendungen machen, weil sie sich vor der Krankheit zu fürchten schien, doch hatte ich es gut getroffen; wir wurden nicht nur aufgenommen, sondern auch gut verpflegt. Des Abends erhielten wir eine herrliche Zwiebelwassersuppe mit Weißbrot. Wir fühlten deutlich, wie dieselbe unsere matten Körper stärkte und erquickte; des Morgens ebenso. Dazu bekam jeder noch sein Butterbrot mit auf den Marsch.

So ging es nun von Tag zu Tag, zwar in kleinen Stationen, immer rechts der Hauptstraße nach, wo sich auch kein Militär befand. Endlich erreichten wir Bautzen, wo wir uns entschlossen, zum Stadtkommandanten zu gehen, um an Stelle des in Dresden erhaltenen Scheines uns eine Marschroute zu verschaffen.

Mein Kamerad setzte sich vor dem Hause auf einer steinernen Bank nieder und ich ging in die Schreibstube eine Treppe hoch. Beim Eintreten stand an einem Schreibpulte ein großer stattlicher Mann, den Rücken der Türe zugewendet. War es der Kommandant selbst oder ein Schreiber, das weiß ich nicht. So stand ich nun eine Zeit lang da und wartete der Dinge, die da kommen sollten. Endlich drehte er sich um und fragte nach meinem Begehren. Noch hatte ich nicht geendet, so geriet er schon in Zorn und sagte: „Warum seid ihr nicht bei Dresden in das Rekonvaleszenten-Bataillon eingetreten? Ich werde euch sogleich zurücktransportieren lassen." Nun donnerte er: „Ordonnanz!", drehte sich um und schrieb. Als die Ordonnanz eintrat, schlüpfte ich durch dieselbe Türöffnung gleich einem Diebe hinaus, und so schnell ich konnte, die Treppe hinab, nahm meinen Kameraden, bog in eine Nebengasse und so entkamen wir glücklich. Was war nun zu tun? Wir schafften uns wieder auf ein Dorf und gelangten so auf Nebenwegen glücklich in Haynau bei meinem lieben Hofmann an.

Wir freuten uns beide recht herzlich des Wiedersehens. Hofmann teilte mir auch sogleich mit, dass unser Regiment eine Viertelstunde vom Städtchen entfernt im Lager stände. Wer war froher als wir! Noch an demselben Abend gingen wir hin. Ob nun zwar schon ein anderer an meiner Stelle war, so nahm ich doch dieselbe wieder ein.

Das Lager wurde, als der Waffenstillstand abgeschlossen war, in einer mit Korn bepflanzten Ebene zwischen Haynau und Goldberg errichtet. Die der Reife nahen Kornhalme wurden abgemäht und der Boden schön geebnet, so dass man keine Furche mehr gewahrte. Die Baracken wurden mit Stroh, welches aus den benachbarten Ortschaften zusammengefahren wurde, dick wie unsere Strohdächer, ja wohl noch dicker gedeckt, und standen in drei schnurgeraden Linien, zwischen welchen der Länge nach ein Raum von sechs Fuß war. Zwischen den einzelnen Baracken war querdurch ein Fußpfad von drei zwischen jeder Kompanie ein Raum von zwölf Fuß breit. Die Querstraßen, welche die Bataillone und Regimenter trennten, waren noch breiter. Ungefähr 15 Schritte hinter den Baracken waren die Küchen in den Boden zwei bis drei Fuß tief eingegraben. Sie lagen ohne Dach alle an einer schnurgeraden Linie. Hinter jeder Kompanie war die Offiziersbaracke. Vor der Front des Lagers, 60 bis 70 Fuß Entfernung, war eine Allee von abgehauenen, 30 Fuß hohen Fichten eingesetzt. Vor jedem Regiment war in dieser Allee ein Rondell, worin Bänke angebracht waren, errichtet. Der Raum zwischen den Baracken und der Allee wurde alle Morgen gekehrt und darauf exerziert und manövriert.

So verlebten wir nun in diesem Lager bis zum halben August herrliche Tage; wir hatten nämlich zu essen. Mein Freund und Wohltäter Hofmann und seine Familie besuchten mich oft in diesem Lager, besonders des Sonntags, und brachten jedes Mal einen guten Braten mit, den wir miteinander verzehrten. Oh, wenn ich so unter diesen frommen und menschenfreundlichen Menschen weilte, so war es mir, als wäre ich unter den Meinigen.

Leider wurde diese Freude bald zuschanden, denn der 17.August nahte, mit dem der Waffenstillstand zu Ende ging. Wir feierten darum des Kaisers Geburtstag schon am 10. oder 12.August[35], und das geschah, soviel ich mich noch erinnere, auf folgende Weise:

- Erstens war des Mittags ein glänzendes Essen mit Bier dazu. Wer es bezahlt hat, weiß ich nicht. Es wurden Tische und Bänke von den benachbarten Ortschaften zusammengetragen. Nachmittags spielten vor jedem Regiment die Musikanten in dem Rondell. Das lockte natürlich die Einwohner aus den umliegenden Ortschaften scharenweise herbei, auch Mädchen genug. Da wurde nun getanzt und gejubelt und alles Ungemach vergessen.
- Zweitens war Mastklettern. Dazu hingen an einer 40 Fuß hohen und glatt abgehobelten Fichte oben am Gipfel eine Taschenuhr und mehrere Sacktücher, die dem zum Eigentum wurden, der sie herabnahm, was auch endlich einem gelang. Nach vieler Anstrengung brachte ich es auch dahin, dass ich mit den Sohlen drei Fuß vom Boden war. Es fehlten mir also nach Adam Rieses Rechenbuch 32 Fuß bis zum Zielpunkte; es versteht sich von selbst, meine Körperlänge auch in Anschlag gebracht - ich leistete also Verzicht auf den Preis.

[35] Napoleons eigentlicher Geburtstag war der 15.August

- Drittens war Hahnenhauen. Zu dem Ende war an einer horizontal liegenden und in zwei sechs Fuß hohen Gabeln ruhenden Stange ein Hahn vermittelst einer Kordel mit zusammengebundenen Füßen aufgehängt. Nun stellte man sich mit dem Rücken wider den Hahn, ging dann mit verbundenen Augen neun Schritte vorwärts, drehte sich dreimal rundherum, machte weiter acht Schritte vorwärts, den blanken Säbel in der Hand und versuchte alsdann die Kordel zu durchhauen. Da gab es nun etwas zum Totlachen, denn man glaubte, die Kordel zu treffen, war aber. Weil man es gewöhnlich im Umdrehen versehen, ganz weit vom Hahn weggegangen, manchmal in entgegengesetzter Richtung und strich dann 18 Schritte vom Hahn entfernt mit dem Säbel durch die Luft.

Den anderen Tag oder zwei Tage danach schlug es des Morgens Generalmarsch; wir verließen das schöne Lager und marschierten nach Goldberg, daselbst gingen wir über die Katzbach und lagerten uns jenseits in einer Ebene auf dem Felde.

6.Kapitel
Die Schlacht an der Katzbach

Am 18.August wurden wir von den Russen angegriffen. Es war ein schöner heller und warmer Tag, die Voltigeure nämlich, waren den ganzen Tag von morgens 09.00 Uhr an im Tirailleurfeuer und da es sehr heiß war, sahen wir alle fürchterlich, nämlich im Gesicht ganz schwarz aus, weil man sich mit dem Ladestock die Hände schwarz machte und dann mit denselben, um sich den Schweiß abzutrocknen, durchs Gesicht fuhr. Mein Gewehrlauf war von dem vielen Abfeuern so heiß geworden, dass ich ihn nicht mehr anfassen konnte und das Sacktuch darumbinden musste.

Wir hatten es an diesem Tage besonders mit den Russen zu tun und das sind feste Burschen, die fest wie die Mauern stehen. Eine Kompanie von ihnen hatte sich in einem auf einer Anhöhe befindlichen Fichtenwäldchen festgesetzt, und es kostete uns viele Mühe, sie da herauszubringen. Dreimal versuchten wir es im Sturmschritte, wurden aber jedes Mal von einem solchen Gewehrfeuer empfangen, dass wir wieder den Berg hinab mussten. Erst mit dem vierten Male, nachdem wir noch zwei Kompanien Voltigeure Verstärkung erhalten hatten, brachten wir sie zum Weichen. Als die das Wäldchen verließen, hieb unsere Kavallerie, die 23.Chasseure, unter sie ein und streckte manchen zu Boden.

Am Abend kehrten wir wieder in unser Biwak zurück und verzehrten unser spärliches Abendbrot. Die Namen der Ortschaften weiß ich nicht zu nennen, indem wir uns darum nicht bekümmerten.

Am 26.August des Morgens gegen 08.00 Uhr oder 09.00 Uhr schlug es Generalmarsch, und als wir unter Gewehr standen, fing es so langsam an zu regnen und das je länger, je stärker, so dass es am Ende, als wir gegen Jauer hin vorrückten, dergestalt regnete, als ob man es, wie man sagt, mit Eimern herabschüttete. Dies dauerte den ganzen Tag und die ganze Nacht hindurch. Wir waren alle bis auf die Haut durchnässt. Die Gewehrläufe waren voll Wasser und der Magen hingegen leer. So standen und marschierten wir nun den ganzen Tag im Regen.

Des Nachmittags bildeten wir auf einer Anhöhe ein Karree zur Bedeckung der Batterien, die Pechkränze neben sich liegen hatten, um die Lunten anzuzünden, die der Regen auslöschte. Es war den ganzen Nachmittag hindurch eine Kanonade. Ich glaube, es war nicht weit von Jauer oder Wahlstadt entfernt. Man kann sich das Elend gar nicht vorstellen, und ich vermag es auch nicht zu schildern, wie es in der Tat war. Nur will ich das sagen: Erstens, der Regen fiel in Strömen; zweitens; wir standen bis an die Waden oder Knie im Kote und hatten dabei drittens einen leeren Magen und auch keine Aussicht für den Abend, etwas zu erhalten. Die Ortschaften waren von Menschen und Lebensmitteln leer. Der Tornister hatte auch seine gehörige Last; denn einmal war er mit seinem Inhalte stark mit Wasser getränkt, und durch die Nässe hatten sich auch die Schulterriemen bedeutend gelängt. Wir verloren zwar diesen Tag meines Wissens keinen Mann, weil alle Kanonenkugeln über uns weggingen und die Granaten so tief in den Kot fielen, dass der Zünder erstickte und sie nicht zerplatzten.

Am Abend zogen wir uns etwas zurück und lagerten uns auf einem gepflügten Felde ohne Feuer, weil der Regen dessen Anzündung unmöglich machte. In der Nähe lag ein dicker Wackenblock etwas erhaben und ein Ginsterbüschchen dabei. Ich kam auf den Einfall, mit dem Bajonette eine Höhlung unter diesen Stein neben dem Ginsterbusch zu machen, kauerte mich dahin und steckte den Kopf in diese Höhlung. So schlief ich bald ein und erwachte nicht eher, als bis es des Morgens, als sich der Tag im Osten zeigte, Generalmarsch schlug. Diese Höhlung gewährte mir nun den Vorteil, dass es mir nicht in die Ohren geregnet hat. Sonst war ich natürlich am Körper, wie auch die anderen, durch und durch nass und während der Nacht so tief, als das Feld gepflügt war, im Morast eingesunken. Wie wir nun alle aussahen, das kann sich jeder leicht denken.

Als es vollends Tag geworden war, ging es den Krebsmarsch, aber immer von feindlicher Reiterei umschwärmt, besonders von regulären Kosaken und schwarzen Husaren. Wir hatten nur etliche Schwadronen Chasseurs, weil der Kaiser die Kavallerie von uns weg und mit nach Dresden genommen hatte. Unsere Gewehrläufe waren, wie schon erwähnt, voll Wasser. An Schießen war also nicht zu denken.

Wir nahmen die Richtung nach Goldberg zu, um daselbst die Katzbach, die aus ihrem Bett getreten war, zu passieren. Wir erfuhren aber bald, dass da Mühle zu sei, indem die Brücke vom Feind besetzt war. Wir hatten auch schon bis dahin mehrere Nebenflüsse durchwatet, wobei wir bis an die Lenden ins Wasser mussten. Da nun diese Gewässer alle sehr reißende Gebirgswasser sind, so waren wir genötigt, das Gewehr umzukehren und auf das Bajonett zu steuern, um nicht vom Wasser umgeworfen zu werden.

Wir wurden unterwegs vom Regimente als Tirailleurs abgeschickt, um die linke Flanke zu decken, konnten aber leider nicht schießen, weil das Pulver in der Tasche so wie der Tornister durch und durch nass war. Das war nun doch gewiss zum Erbarmen. Manchmal wurden unsere Voltigeure mit dem Feinde handgemein, da ging es dann mit den Kolben oder Bajonetten aufeinander.

Das Regiment marschierte zwei Stunden Wegs immer im Karree, ohne dass die Reiterei hineinkam. Einem Grenadier vom I.Bataillon glückte es endlich, sein Gewehr zurecht zu bringen. Er fand auch noch etliche trockene Patronen im Tornister, und glücklicher- oder unglücklicherweise, ich weiß nicht, wie ich es nennen soll, kam er los und schoss einen Oberoffizier von den das Karree umschwärmenden Kosaken vom Pferde herab, wodurch diese ganz rasend wurden. Sie führten drei Geschütze herbei und beschossen das Karree mit Kartätschen, so dass es ihnen endlich gelang, in dasselbe einzudringen.

Gott, was gab es da für eine Metzelei! Alles, was unter den Säbel kam, wurde ohne Erbarmen niedergehauen oder -gestochen. Auch unsere Leute wehrten sich tapfer mit dem Bajonette, und mancher vom Feinde wurde tot oder verwundet heruntergespießt. Der Major vom I.Bataillon war am rechten Arm verwundet und focht nun mit der Linken, bis er fiel.

Nun hieß es: „Wer sich retten kann, der rette sich!", und alles war auseinandergesprengt. Das Feld war mit Leichen übersät, was nicht tot blieb, wurde größtenteils gefangen mitgeschleppt.

Unserer Zwölfe machten sich durch das Gebüsch längs der Katzbach hinauf und kamen an ein Dorf, das aber ganz in Wasser stand und leer von Einwohnern war. Wir suchten, bis an die Lenden im Wasser gehend, nach Lebensmitteln, fanden aber leider nichts. Wir trafen unterwegs einen Obersten mit seinem Adjutanten und Tambour-Major, welche versuchen wollten, über die Katzbach zu kommen. Trotz aller Warnungen unsererseits, die wir solche Bäche von Haus aus kannten, wagte sich der Oberst mit seinen großen Stiefeln hinein. Er nahm einen Busch, der mitten im Wasser stand, zur Zielscheibe und erreichte ihn auch wirklich. Aber er war auch erst am Bette und stand doch schon bis unter die Arme im Wasser. Er konnte nun nicht vorwärts noch rückwärts. Jetzt fing er an, um Hilfe zu rufen, was man bei dem Rauschen des Wassers kaum hörte. Der Adjutant wagte sich zu ihm, ebenso der Tambour-Major, so dringend wir sie auch warnten. Mit halb offenen Augen konnte man sehen, dass sie verloren waren. Jetzt hingen sie alle drei an dem Busch, endlich riss das Ding ab und alle drei gingen kopfüber, kopfunter den Strom hinab. Wir wünschten ihnen eine gute Reise nach der Oder zu. Und ebenso ging es hundert und hundert anderen auch.

Wir machten es anders und gingen den Strom aufwärts immer im Gebüsch. Auf einer Anhöhe fanden wir eine von den Unseren verlassene Kanone. Wir schafften sie vorwärts und ließen sie so die Anhöhe hinab in die Katzbach rollen. Bei allem Elend doch noch Bubenstreiche! Jetzt fing es an, Abend zu werden, und am Ende wurde es stockfinster. Wir wähnten, an eine Stadt zu kommen. Wahrscheinlich war es Schönau.

Auf einmal donnerte uns ein „Wer da!" entgegen, das uns bis auf den Boden des Herzens fuhr. Wir machten mäuschenstill kehrt. Aber wohin in dieser Dunkelheit? Indem wir so halb im Jähhunger dahinwankten, war es uns, als hörten wir eine Mühle klappern. Wir gingen darauf los und unser Ohr hatte uns nicht getäuscht. Es war wirklich eine Mühle tief unten im Tale. War sie nun diesseits oder jenseits des Baches, das konnten wir nicht wissen. Wir rutschten aber den Weg hinab, erreichten sie und kehrten ein.

Der Müller und die Müllerin trugen wenigstens scheinbar ein gutes Herz in der Brust. Da wir nun meistenteils Deutsche waren, wurden wir recht gut aufgenommen, vielleicht auch deswegen, weil sie nicht anders konnten. Sogleich wurde Feuer in dem Ofen gemacht, damit die Kleider trockneten, die wir auf die über dem Ofen angebrachten Stangen hingen. Auch wurde ein Topf mit Kartoffeln mit der Schale in den Ofen geschoben, was für uns die Hauptsache war. Als wir nun entkleidet so traulich um den Ofen saßen, der Müller in der Mitte, und von den Ereignissen der letzten Tage sprachen, hörten wir auf einmal: Klipp klapp, tapp tapp, tipp tapp. Die Franzosen, welche bei uns waren, sagten: „*Mon dieu! Les cosaques, les cosaques*!"

Alles griff nach den Gewehren, ohne zu bedenken, dass wir nicht schießen konnten. Ich ging hinaus und lugte ab der Haustürspalte. Es war nämlich eine Türe nach alter Mode, die sich in der Mitte quer trennte, oder, wie man sagt, mit einem Laden.

Ich vernahm bald, dass es Reiterei war, weil die Säbel auf den Pflastersteinen klirrten, und dass die Mannschaft auch Französisch sprach und lief sogleich nach der Stube, diese fröhliche Botschaft zu überbringen. Es waren reitende Artilleristen. Sie kehrten fröhlich bei uns ein. Wie sie in der Dunkelheit die Mühle zu Pferde gefunden haben, kann ich mir noch nicht erklären. Sogleich wurde noch ein Topf mit Kartoffeln auf das Feuer gesetzt. Wir taten uns in dieser Stube recht gütlich und befriedigten auch unseren Magen mit Kartoffeln, Butter und Brot, was uns herrlich mundete.

Nachdem der Hunger gestillt war, legten wir uns auf das in der Stube ausgebreitete Stroh und schliefen recht herrlich bis an den lichten Morgen. Beim Erwachen vernahmen wir, dass der Bach so weit in seine Ufer zurückgetreten sei, dass wir die bei der Mühle befindliche Brücke passieren konnten. Wer war nun froher als wir? So erfuhren wir auch, dass die Trümmer der Armee bei Löwenberg sich wieder sammelten.

Wir passierten die Brücke und schlugen die Richtung nach Löwenberg hin ein. Unterwegs kamen wir an einen Birkenschlag. Beim Eintreten in denselben sagte mein Sergeant Frey: „Wir haben den Wind von Löwenberg her, also im Angesicht und gegen uns, und müssen nun, um in diesem Gehölze nicht zu irren, darauf aufmerksam sein."

Das befolgten wir auch wirklich, und doch sahen wir, als wir das Ende des Gehölzes erreicht hatten, ein preußisches Biwak vor uns. Jetzt galt es, sich still und schnell zurückzuziehen. Wie doch der Kuckuck manchmal sein Spiel macht, so geschah es auch hier. Der Wind hatte sich, während wir im Busch waren, gewendet, und so geschah es, dass wir nach Osten anstatt nach Westen herausgekommen sind.

Dann erreichte wir endlich die Gegend von Löwenberg und sahen schon von Weitem unsere Leute auf einer Anhöhe stehen. Aber in welch' erbarmungswürdigen Zustande waren sie! Die Generäle standen da und die großen Hüte, die durch das Regenwetter in Leim sich aufgelöst hatten, hingen ihnen über die Ohren herab bis auf die Schultern. Ein Trupp kam hierher und der andere dorther. Die Trainsoldaten und Artilleristen kamen ohne Kanonen, wenn auch noch hier und da einer oder der andere ein Pferd mitbrachte. Sämtliche Kanonen, über hundert, fielen dem Feinde in die Hände.

Und die Menschen, die verloren gingen, davon kann man sich keinen Begriff machen.

Unser Regiment allein, das, als wir aus dem Lager bei Haynau ausmarschierten, 3.500 Mann, sage fünfunddreißighundert Mann stark war, wurden nun von vier Bataillonen auf eins reduziert, das noch nicht tausend Mann zählte, und so war es bei den anderen Regimentern ebenfalls. Die wenigen Munitionswagen, die noch vorhanden waren und sich dort eingefunden hatten, wurden auf einen Haufen geworfen und verbrannt. Ach, die dummen Teufel von Alliierten, wie leicht hätten sie uns da schneppen können! Wir waren da in der Falle. Sie hätten nur zuziehen dürfen, so waren wir alle in ihrer Gewalt und zwar mitsamt der ganzen Generalität. Hinter uns hatten wir den ausgetretenen Bober und von allen anderen Seiten die Feinde.

Nun wurde es Abend und es gab Befehl, während der Nacht in aller Stille von da ab längs des Bober hinab nach Bunzlau zu marschieren und so dem Feinde zu entwischen, der schon auf den Höhen stand. Wir traten den Marsch an, und da der Bober noch sehr stark, auch noch über seinen Ufern war, so marschierten wir die ganze Nacht, etliche Bauern als Führer an der Spitze, größtenteils bis an die Knie, ja wohl manchmal bis an die Lenden und auch wohl darüber im Wasser, einer hinter dem anderen wie die Kraniche. Auf einmal gab es einen Halt. Was war los? Nach näherer Untersuchung fand es sich, dass einer vorne stand und schlief, und er, wie wir, bis über die Knie im Wasser war. Die vor ihm waren fort. Wir waren die hinterste Kompanie. Was war nun zu tun? Zum Glücke waren wir noch nahe an einem Dorfe, wohin etliche Mann abgeschickt wurden, um einige Führer zu holen, weil man sonst gar leicht in den Strom hätte stürzen können.

Mit Hilfe dieser Führer erreichten wir des Morgens Bunzlau. Nur noch eine halbe Stunde später und wir waren abgeschnitten oder geschneppt wie der Vogel im Meisenkasten. Wir passierten nun die Brücke, die sogleich zerstört wurde, und lagerten uns diesseits des Flusses an einem Abhange. Es war, wie ich glaube, am 29.August. Und da der liebe Gott an diesem Tage, wie auch nach der Sintflut, die Sonne mit ihren wärmenden Strahlen wieder sehen ließ und eben gerade der Widerschein in unser Lager fiel, so entkleideten wir uns bis auf die Haut und trockneten unsere Kleidungsstücke sowie auch den Inhalt unseres Tornisters. Das war nun freilich nicht so schön anzusehen, als es wohltuend für unseren Körper war. Wir trockneten nun auch die Gewehre aus. Am ganzen Körper, soweit das Wasser gereicht hatte, bekam ich einen Ausschlag.

Des Nachmittags brachen wir auf und marschierten über Görlitz nach Bautzen hin. Wir lagerten uns in einem Walde bei Bischofswerda mit unserer Division, und zwar acht Tage lang. Wir standen ein Wiesental entlang, dass sich von Nordwest nach Südost zog und ungefähr 150 bis 200 Schritt breit war.

Was die Lebensmittel betraf, so war es in dieser Hinsicht auf dem ganzen Marsche sehr schlecht gegangen. Auch hier bekamen wir nicht das geringste oder notwendigste geliefert. Es wurde also der Hunger Küchenmeister. Wir mussten wie die Eule des Nachts ausgehen und suchen. Einmal kamen unsere Voltigeurs und brachten einen Trupp Hammel. Da war Viktoria an allen Ecken und Enden. Sie wurden sogleich ins Bataillons verteilt und auf der Stelle geschlachtet, ausgeweidet, des Felles entledigt und auf das Feuer gesetzt. Auf den nahe gelegenen Feldern gruben die Soldaten mit den Bajonetten Kartoffeln aus, aber jedes Mal musste bewaffnete Mannschaft mitgehen, weil wir immer von Streifkosaken umschwärmt wurden. Selbst das Salz fehlte uns. In den Ortschaften war keine lebende Kreatur zu finden, viel weniger Lebensmittel, weil die Einwohner mit aller Habe nach dem Inneren des Waldes geflüchtet waren.

Unsere Vorposten waren längs des Wiesentals am Rande des Waldes aufgestellt und während der Nacht schob auch der Feind die seinigen bis an das gegenüberliegende Waldende vor, zog sie aber jedes Mal am Tage wieder zurück. Die Losungsworte wurden während der Nacht zwei- bis dreimal geändert. Es ereignete sich hier der Fall, dass eine alte Frau, die sich verspätet haben mochte, des Nachts das Wiesental herauf, mit ihrem Federoberbette auf dem Kopfe, zwischen den Vorposten hindurch waldeinwärts tippelte.

Die Vorposten bemerkten etwas im Dunkeln, erkannten aber nicht, was es war, gaben also Feuer darauf. Mir nichts, dir nichts tippelte sie aber ihren Marsch fort, und die ganze Division trat unter Gewehr. Als die Sache näher untersucht wurde, brachten sie endlich die alte Frau unversehrt zum Kommandanten. Doch waren zwei oder drei Schüsse in das Federbett gedrungen, die Kugeln verlieren aber, wie bekannt ist, in den Federn ihre Kraft.

Weil wir nun seit der Schlacht an der Katzbach bald rohe Erdkohlrüben, bald Kappesstränge, bald Kartoffeln ohne Fett und Salz, bald süße, bald saure Milch aßen, so verdarben wir uns den Magen dergestalt, dass er gar nicht mehr verdaute, und die genossenen Speisen gingen wieder in solchen Stücken ab, wie sie durch die Zähne zermalmt worden waren. Das fette Hammelfleisch hatte auch noch das seinige dazu beigetragen, besonders, da es ohne Brot gegessen wurde und zwar aus dem Grunde, weil wir keins hatten.

Unser Kapitän, ein rotbärtiger Stockfranzose, war ein wahrer Tyrann gegen die Voltigeure. Wir erhielten ihn bei Löwenberg auf der Anhöhe. Jederzeit führte er einen Birckenstock nach, mit dem er die Soldaten prügelte.

Dadurch verhungerte er bald, während wir in diesem Walde lagen. Wenn auch die Voltigeure etwas zum Essen auftrieben, so bekam er doch nichts davon. Er schäumte dann vor Wut.

Eines Tages teilte ich mit ihm ein Stückchen Brot, das ich von einem Voltigeur empfangen hatte, worauf mir gesagt wurde, dass, wenn ich es abermals täte, ich auch nichts mehr bekommen würde. Da unterließ ich es. Sämtliche Voltigeure hatten ihm den Tod geschworen.

Als wir nun unser Biwak verließen und das freie Feld gewonnen hatten, stellten wir uns an einem Fichtenwalde, unweit Bischofswerda, auf. Es war am 13.September 1813. Unsere Brigade stand nämlich bei einer Batterie bataillonsweise im Karree als Bedeckung.

Unser gewesener Regimentskommandeur, welcher zum Brigadegeneral avanciert war, befehligte als solcher die Brigade zum ersten Male, und in den ersten paar Stunden wurde er schon von einer Kanonenkugel über dem Sattel durchgeschlagen, so dass seine Gedärme auf beiden Seiten am Sattel herabhingen, - ein grässlicher Anblick.

Das ist nun freilich eine verdammte Geschichte, im Karree zu stehen, das Gewehr bei Fuß und die Kanonenkugeln zischen vorbei oder schlagen in das Karree ein. Dabei hatten wir auch noch ein Chargieren der russischen Dragoner auszuhalten, welches wir aber durch eine Peletonfeuer abwiesen.

Endlich schlug die Stunde der Erlösung für uns Voltigeure, denn es hieß: „Tirailleurs vor!" Wir traten also ins freie Feld, den russischen gegenüber. Das war freilich auch nicht ohne Gefahr, denn die Flintenkugeln pfiffen nur so um den Kopf herum. Die russischen Dragoner kamen abermals hinter der Waldecke hervor, sprengten in gestrecktem Galopp auf unser Karree los, wurden aber auf diesmal wieder, ohne einzudringen, zurückgeworfen.

Nun, im Zurückmarsch, ging es auf die Tirailleurs los. Ich sah mich sogleich nach einem ungefähr hundert Schritt von mir entfernten, 15 bis 20 Jahre alten Kiefernwäldchen um, um da Schutz zu finden, nachdem ich noch auf einen Dragoner abgedrückt, aber denselben gefehlt hatte. Ich eilte dahin, aber es ich es erreicht hatte, war mir einer auf den Fersen. Schnell machte ich Front mit gefälltem Bajonett und blickte ihm starr nach den Augen. Er führte, indem er an mir vorbeisprengte, einen Hieb nach mir, den ich aber mit dem Bajonette abwies. Ehe er das Pferd umkehrte, hatte ich abermals mehrere Schritte vorwärts getan und parierte ebenso den zweiten Streich, den er nach mir führte. Ehe er mich abermals erreichen konnte, war ich in den Kiefern, - also wegen der Kavallerie in Sicherheit. Ebenso ging es den übrigen auch.

In den Kiefern angekommen, sah ich einen Voltigeur - von welchem Regimente, das weiß ich nicht -, der hatte seine linke Hand mit einem Tuche umwickelt und hielt die Hand über die Mündung des Laufes. Mit der Fußspitze drückte er ab, und - zwei Finger waren hin. Was weiter aus ihm geworden ist, weiß ich nicht.

Während ich das Wäldchen verließ, ging ein russischer Tirailleur 25 bis 30 Schritte vor mir. Als er mich gewahrte, war Umdrehen, Anschlagen und Abdrücken eins. Die Kugel ging mir so nahe an der Nase vorbei, dass ich den Wind spürte. Mit den Worten: „Dich soll der Teufel holen!" legte ich an, drückte ab, und er lag am Boden. Die Kugel war ihm durch den Leib gegangen. Als ich zu ihm kam, lag er in den letzten Zügen und verschied. Ihn betrachtend, dachte ich wieder darüber nach, mit welcher Mühe und Sorgfalt eine Mutter ihr Kind erzieht. „Oh, Du arme Mutter!" sprach ich bei mir selbst, „hier liegt Dein Sohn, um den Du Dir in diesem Augenblicke vielleicht Kummer und Sorge machst, auch wohl Tränen vergießt."

Dabei stiegen solche Empfindungen in mir auf, dass ich, wenn es in meiner Macht gestanden, ich alles Kriegführen eingestellt hätte. Ich wiederholte den Gedanken: Wie kann es doch nur möglich sein, dass durch einen einzigen ehrgeizigen Menschen sich so viele umbringen?

Jetzt fing es an, den Voltigeuren an Patronen zu fehlen. Indem ich zurückging, solche zu holen, erhielt ich eine Flintenkugel vor dem Absatz in die Sohle. Sie ging durch die Sohle und den Fußlappen, aber nicht in das Fleisch. Dennoch verursachte mir dieser eine Schlag einen solchen Schmerz, dass ich fast nicht zu gehen vermochte und zwei Tage hinkte.

Bei dieser Gelegenheit traf ich einen Franzosen, dem das Bein von einer Kanonenkugel angeschlagen war. Nun hing es auf der einen Seite nach etwas an. Er hatte sich stark verblutet und sah totenblass aus. Er bat mich, ihm ein Messer zu reichen, was ich tat. Er schnitt nun das Bein vollends ab, warf es weg und sagte dabei: *„Reste là, jusqu'à ce que je reviens te prendre."*

Am Abend, als all unsere Biwakfeuer hell aufloderten, zogen wir, vom Hunger gequält, in aller Stille von dannen und nahmen unseren Marsch über Stolpen nach Dresden zu, oberhalb welcher Stadt wir, ich glaube bei Pillnitz, die zum Übergange geschlagene Brücke passierten. Diesseits der Elbe angekommen, traf ich auch meinen Freund, den Kanonier Simon, wieder, und wir freuten uns recht herzlich des Wiedersehens.

Indem wir nun die Elbe aufwärtsgingen, sahen wir auch die stolze Festung Königstein auf einem sehr hohen, senkrechten Felsen, welche eine schöne Augenweide gewährte.

Wir kamen an einem Walde vorbei, wo noch die Kanonenkugeln von der am 26.August gegen die Österreicher gelieferten Schlacht in den Bäumen steckten. Von da an zählten wir nun zu dem Observations-Korps gegen die Österreicher, welche über das Erzgebirge herüberzukommen drohten. Wo wir da eigentlich umherschwärmten, weiß ich mich nicht mehr zu entsinnen. Nur soviel weiß ich, dass wir nicht weit von Freiberg vorbeikamen und dann auch Chemnitz und Mitweide berührten.

Bei Mitweide fehlte es mir an Schuhen, weil die, die wir geliefert bekamen, wie ich schon früher bemerkte, zum Erbarmen schlecht waren. Sie hielten, wie man im Sprichwort sagt, von 11.00 Uhr bis Mittag. Da begegnete uns ein Bauer, der ein Paar Stiefel mit braunen Umschlägen trug. Der Kommandant rief zurück: *„Sergeant-Major des Voltigeurs, voilà une paire de bottes!"*

Ich ging auch wirklich zu dem Bauern hin, bat ihn ganz höflich, mir seine Stiefel abzutreten, was ihm aber nicht behagen wollte. Als ich dann gebieterisch in ihn drang, fing er an zu weinen, und ich ging ab. Mein Sergeant Frey aber schickte ihm drei Voltigeure nach, welche bald mit den Stiefeln zurückkamen, die mir auch ziemlich passten.

In der Gegend von Mitweida lagerten wir in einem Orte bei den Gebäulichkeiten eines reichen Bauers, teils auf dem Hofraum, teils in einem mit Gras bewachsenen Baumgarten. Der Front des Hauses gegenüber war der Küchengarten, in dem auch etliche Feuer brannten. Wir verweilten daselbst zwei oder drei Tage, und die Einwohner mussten uns Brot, Fleisch und Gemüse liefern. Es waren also für uns herrliche Tage.

Der Bauer, wo er ging und stand, hatte seinen Blick immer auf den Gemüsegarten gerichtet, und zwar mit einer ängstlichen Miene. Dies bemerkten die Soldaten und schlossen daraus, dass da etwas versteckt sein müsse. Sie fingen an, mit den Säbeln zu suchen, und siehe da, sie fanden das Nest, nämlich zwei steinerne Milchtöpfe mit Geld. Schon wollten sie anfangen, die Beute unter sich zu verteilen, als der Bauer es gewahrte und hell aufschrie. Die Offiziere, welche in der Stube saßen, kamen herzu, und die Soldaten mussten ihren Fund dem Eigentümer zurückgeben. Doch erhielten sie zehn sächsische Taler, die er ihnen mit Vergnügen gab.

In dem Baumstücke hieb ich mit meinem Säbel Holz auf das Feuer, und als dies geschehen war, warf ich ihn mit der Spitze in den Boden neben einem Baum. Als ich ihn wieder aufnahm, um ihn in die Scheide zu bringen, blieb ein vierkantiger, drei Zoll im Durchmesser großer Rasen im Säbel stecken.

In dem Loch fand ich ein blechernes Büchschen mit zwölf guten sächsischen Groschen. Wie ich vermute, so war es: es war von einem armen Dienstmädchen dahin versteckt worden. Natürlich gab ich es der Eigentümerin wieder zurück. Das arme Mädchen war ebenso froh mit den paar Groschen wie der Herr mit der Masse von Talern.

Unser Marsch ging nun bald links, bald rechts. Wo wir aber umhermarschierten, weiß ich nicht.

7.Kapitel
Die Völkerschlacht bei Leipzig

Am 14.Oktober des Nachmittags kamen wir in der Ebene von Leipzig an und lagerten uns daselbst. Sehr bald hieß es: „*Aux armes*!", weil die Österreicher uns gegenüber aufmarschierten. Es wurden nun, noch ehe es Nacht wurde, ein paar Kanonenkugeln gewechselt, wobei wir aber keinen Mann verloren.

Beim Anbruch der Nacht erhob sich ein solcher Wind aus Südwest, dass wir kein Feuer behielten. Kaum waren ein paar Kohlen angebrannt, so blies sie der Wind unter dem Holze weg. Erst spät in der Nacht erreichten wir unseren Zweck und konnten ein paar Kartoffeln, welche die Soldaten aus dem nahe gelegenen Dorfe brachten, abkochen.

Am 15.Oktober nahmen wir bei Tagesanbruch eine andere Stellung. Es war an diesem Tage Waffenruhe und von allen Seiten her kamen Truppen anmarschiert, ebenso noch in der Nacht vom 15. auf den 16.

Als der Morgen des 16.Oktober über die Ebene hereinbrach, sah man nichts als Himmel und Soldaten aller Waffengattungen. Man sah schon an den Aufstellungen, dass es ein heißer Tag werden würde, und dass mancher sein letztes Hemd anhatte. Wir änderten unsere Stellung abermals und kamen den Österreichern gegenüber zu stehen.

Wir zündeten bald Feuer an, um unser Fleisch zu kochen, nach welchem uns der Mund wässerte. Jede Kompanie bekam nämlich zwei Hammel und zehn Brote unter sich zu verteilen. Die Gewehre waren zusammengesetzt. Wir lagerten um die Feuer im Kreise herum. Der Kaiser Napoleon stand etwas linker Hand vor uns auf einer kleinen Anhöhe mit dem Perspektiv in der Hand, wahrscheinlich, um die feindlichen Stellungen zu beobachten, und sein Schimmel neben ihm.

Auf einmal hieß es: „*Aux armes! L'Empereur*!" Von allen Seiten ertönte der Ruf: „*Vive l'Empereur!*"

In demselben Augenblick, es mag wohl gegen 09.00 Uhr gewesen sein, gingen alle vor uns befindlichen Batterien los, so dass die Kugeln wie Hagel fielen oder vorbeizischten. Die erste oder zweite, die kam, nahm einem Soldaten das Bein, und was das Schlimmste war, auch unseren Feldkessel mitsamt dem Fleische mit fort. Wir hatten uns also umsonst darauf gefreut.

Der Kaiser kam auf seinem Schimmel ungefähr fünfzig Schritte links an uns vorbeigesprengt, und zwar in einem solchen gestreckten Galopp, wie ich noch nie ein Pferd laufen sah. Die Kanonenkugeln schlugen links und rechts, vor ihm und hinter ihm in den Boden, so dass ihm der Grund über dem Kopfe zusammenschlug. Mit der Rechten hielt er den Zügel und mit der Linken den Hut auf dem Kopfe fest. Jeden Augenblick glaubte man ihn getroffen, aber er galoppierte unversehrt hindurch. Ob zum Glück oder Unglück für Europa, dies Urteil überlasse ich jedem seinem Belieben oder seiner Ansicht nach zu fällen.

Jetzt kam Murat, der König von Neapel, unten heraufgesprengt, und zwar in seinem Stutzgalopp, den Zügel in der Rechten, die Linke herunterhängend und schüttelnd, dazu sein „*Tral dal dera de dam deral*" singend. Er sprengte vor unseren Batterien die Front entlang, und nun ging es auch von unserer Seite los.

Unser Marketender war nach Schnaps weggegangen. Seine Frau wollte mit ihrem Knechte, die Kasten dem Pferde, das er mit sich führte, aufhängen, als eben eine Kanonenkugel kam und dem Knechte ein Bein abschlug. Die Frau nahm ihr Pferd mit dem einen Kasten aus dem Staube und ließ den anderen stehen.

Wir rückten mit unserem Karree ein paar hundert Schritte links, und das 155.Regiment rückte in unsere Stelle. Sie schlugen den stehen gebliebenen Kasten auf und fanden bald eine Faust dick Napoleondors in einem türkischroten Taschentuche eingebunden. Der Colonel von diesem Regimente führte ein Dromedar zum Transporte seiner Sachen mit sich; diesem wurde auch ein Bein abgeschossen. Sein Fleisch wurde von den Soldaten genommen, gekocht und gegessen. Alles das, was ich jetzt erzählt habe, von da an, wo der Kaiser vor uns auf einer Anhöhe stand, geschah in einer Zeit von nicht mehr als zehn Minuten.

Wir standen, wie ich schon erwähnte, im Karree in einem entsetzlichen Kugelregen und in der Zeit von 15 Minuten hatte das Bataillon an Toten und Verwundeten wenigstens hundert Mann. Eine Granate fiel mitten in das Karree. Der Zünder brannte noch. Sie wühlte einen Kessel in den Boden. Ich zog den Kopf zwischen die Schultern ein und wartete dessen, das kommen sollte, und - puff, sie war zerplatzt und hatte in unserer Kompanie auch nicht einen Mann getroffen, aber die 2. und 3.Kompanie war stark mitgenommen worden. Einem Offizier hatte sie den Schädel abgedeckt. Inzwischen kam eine Kanonenkugel der Länge der Kompanie nach zu uns und schlug Gewehre und Beine entzwei. Der Kommandant hielt mitten im Karree zu Pferde und rief jedes Mal, wenn eine Kugel vorbeifuhr: „*Garde à l'eau*!" So rufen sie nämlich in Paris, wenn sie Wasser oben herausschütten.

Der Brigadegeneral kam herangesprengt und machte unserem Kommandanten gehörig den Marsch, weil er übersehen hatte, dass wir gerade unter einer Batterie standen und nicht ein wenig rechts oder links gewichen waren.

Jetzt rückten wir hinab in ein Wiesental, unfern einem Dorfe - ich glaube, Wachau hieß es. Wir standen da im Bataillon aufmarschiert. Vor uns eine steile Anhöhe, hinter uns ein Bach. Die Granaten kamen über die Anhöhe herüber, flogen aber über uns weg. Mein Voltigeur Heinen, bei Bonn zu Hause, ein überaus braver und reinlicher Bursche, hatte einen schönen Apfel. Er schnitt denselben durch, reichte mir die Hälfte mit den Worten: „Hier, mein lieber Sergeant-Major, den wollen wir noch zusammen essen, wer weiß, ob wir diesen Abend noch da sind."

Der Apfel war noch nicht gegessen, als eine Kanonenkugel das Tal abwärts der Front nach kam und fünf Voltigeurs auf dem linken Flügel im dritten Gliede die Köpfe wegschlug, unter denen auch mein guter Heinen war. Weil ich nun hinter ihnen stand, war ich dergestalt mit Gehirn und Blut bespritzt, dass ich fast nicht aus den Augen sehen konnte. Ich ließ die toten Körper zurückschleppen und beirücken, lief dann nach dem Bache hin, wusch mich und säuberte meine Uniform, so viel es sich tun ließ. Da schlug eine Granate keine zwei Schritte neben mir in den Bach. So wurde ich auch noch über und über mit Wasser bespritzt.

Der Unterleutnant, der bei mir am linken Flügel stand, ging von da weg nach dem rechten Flügel und stellte sich zum Oberleutnant, indem der sagte: „Es kommt noch eine diesen Weg." Mein Grundsatz aber war: Wohin Du bestimmt bist, da bleibe!

Er war kaum auf dem rechten Flügel angekommen, als auch schon eine Kugel ihm den Fuß am Knöchel zerschmetterte. Keine fünf Minuten später hatte auch der Oberleutnant ein Bein verloren. Die Tamboure saßen hinter der Front auf ihren Trommeln. Da fuhr eine Kugel durch eine Trommel durch die beiden Felle hindurch. Der Tambour, der mit geschlitzten Beinen daraufgesessen hatte, schlug das Rad ohne im geringsten Schaden zu nehmen. Auch der Trommel war außer den Fellen nicht das geringste Leid geschehen.

Endlich hieß es: „*Voltigeurs en avant*!" und nun ging es voller Freude den Berg hinaus auf die obenliegende Ackerfläche, wo wir zum Willkommen von Kartätschen empfangen wurden, weil der Kapitän nicht auseinanderschwärmen ließ, was er in der Angst vergessen hatte. Es kam abermals ein Schuss, der ging aber über uns hinweg. Da dachte ich an die Worte des Evangeliums, wo es heißt: „Du hörest sein Sausen wohl, aber Du weißt nicht, von wo er kommt und wohin er fährt."

Wir schwärmten nun auseinander in die Linie der Tirailleurs hinein, kamen aber zum Unglück vor eine Kompanie fränkischer Jäger. Die Kerls schossen so, dass mit jedem Schuss einer blessiert wurde. Man kann sagen, kein Schuss ging fehl. Kaum waren wir im Feuer, so erhielt ich Order, der Kapitän sei gefallen. Als ich zu ihm kam, sagte er: „*Je suis blessè, et même par derrière*!"

Also von einem der Unseren! Es war ihm ja so geschworen worden. Ich befahl nun seinem Burschen, in dem nahe gelegenen Dorfe eine Leiter zu holen, mit der er auch bald zurückkam. Auf dieser Leiter sollte er nun zurückgetragen werden. Dazu bedurfte es aber wenigstens zwei Mann. Aber nicht einer wollte Hand anlegen, weil er es nicht wert sei. Ich musste also meine Zuflucht zu meinem lustigen Füßer nehmen. Dieser gab mir zur Antwort: „Mein lieber Sergeant-Major! Ihnen zum Gefallen will ich es ja tun, aber diesem Saubraten nicht."

Der Bediente und Füßer packten sofort die Leiter an und trugen ihn weg. Es dauerte aber nicht lange, so kam mein Füßer wieder zurück mit schnellen Schritten.

Auf meine Frage: „Wo ist der Kapitän?", erhielt ich die Antwort: „Drüben, hinter dem Dorfe, liegt er im Chausseegraben, der Hundsbraten. Ich hoffe, er wird uns nicht mehr prügeln. Denken Sie sich", fuhr er fort, „als wir jenseits des Dorfes waren, forderte er vom Bedienten *un baton*. Ob ich schon nicht viel französisch verstehe, so weiß ich doch, dass *baton* Stock heißt. Er wollte mir also ein paar überhängen, weil ich nicht ordentlich Tritt mit dem anderen hielt, was ihm wahrscheinlich Schmerzen verursachte.

Den Bedienten fragte ich: „Was sagte er?"

„Oh, niske, niske", war seine französisch-deutsche Antwort.

Ich aber bedachte mich kurz, und mit dem Worte „Ab!" warf ich mein Anteil Leiter in den Graben und machte schnellen Schritts kehrt."

Hier also ein Beweis, dass die tyrannische Strenge der Herren Offiziere im Kriege nicht durchgeht. Während dieses eben Erzählte hier vorging, kam unser ganzes Bataillon als Tirailleurs herbei. Eben dies geschah auch bei den anderen Regimentern. Wir erhielten Offiziere von den im Bataillon vorhandenen Überzähligen.

Den ganzen Nachmittag ging es sehr hitzig her. Mit aller Gewalt stürmten wir auf den Feind ein und drängten ihn zurück. Zum Glück für uns waren wir von den Jägern weggekommen. Als ich eben den Ladestock umgekehrt und ihn in die Mündung des Laufes gebracht hatte, um die Ladung hinabzustoßen, schlug eine Kartätsche mir denselben ganz krumm, so dass ich ihn nicht mehr gebrauchen konnte. Ich behalf mich daher eine Zeitlang mit einem österreichischen, den ich aber, weil er die gleiche Dicke hatte und nicht in den Schaft ging, jedes Mal neben mich in den Boden stecken oder neben mich legen musste.

Bald darauf kam eine andere, als ich eben im Anschlag stand. Sie fuhr mir am Oberarm durch den Rock und zersplitterte den Gewehrschaft. Ich war also genötigt, mir auf dem Schlachtfelde ein anderes Gewehr zu suchen, was auch keine Schwierigkeit war. Das war ein heißer Tag, der viele Menschen und Pferde kostete! Wenn man den Kanonendonner, das Knattern der Tirailleurs, das Zerplatzen der Granaten, das Chargieren und Gemetzel der Kavallerie anhörte und ansah, sowie den Pulverdampf, so hätte man glauben sollen, es hätte an diesem Tage kein Mann übrig bleiben können.

So wurde es nun Abend. Wir sollten jetzt noch ein Dorf, das uns rechts lag und von den Österreichern besetzt war, mit Sturm nehmen. Es gelang uns auch nach vieler Anstrengung, aber unser Divisionsgeneral Rochambeau, der es befohlen hatte, wurde dabei tödlich verwundet.

Als wir durch das Dorf hindurchgedrungen waren, standen die Österreicher in Massen hinter ihm, und die Kartätschen und Flintenkugeln kamen wie Schloßen gefallen, so dass wir wieder zurück mussten. Wir nahmen und verloren es abermals. Bei unserem letzten Zurückziehen bekam ich noch eine, glücklicherweise nur matte, Flintenkugel in den Fuß. Wir zogen uns nun zurück und lagerten uns, hatten aber diesen Abend ebenso wenig, um unseren Hunger zu stillen, wie den Tag über, wo man aber wenig daran dachte. Wieviel Mann wir an diesem 16.Oktober in der Kompanie oder im Bataillon verloren haben, kann ich mich nicht mehr entsinnen.

Am 17.Oktober war Waffenruhe. Nur dann und wann hörte man etliche Schüsse, die von aufeinandergestoßenen Patrouillen oder den Vorposten herrührten. An etwas Ordentliches für zwischen die Zähne oder für den Magen war nicht zu denken.

Am 18.Oktober nahmen wir vor Tagesanbruch unsere Stellung eine gute Strecke rückwärts auf einer Anhöhe rechts von Leipzig, und es hieß nun, wir wären Reserve. Indem wir so da in unserem Biwak herumlagen, und vor uns nichts als Himmel und Kriegsvolk sahen - wir konnten nämlich das Schlachtfeld auf eine weite Strecke übersehen -, kam eine stolze Kavallerie mit großen Federbüschen angeritten. Wir freuten uns natürlich der Hilfe. Es waren etliche Schwadronen der Ehrengarde. Eine berittene Mannschaft, welche aus jungen, reichen Burschen bestand, die sich auf eigene Kosten equipiert und armiert hatten, alles in der größten Pracht. Des Kapitäns Kaufmann Stiefsohn Kopp aus Koblenz war auch dabei. Er kam in unser Biwak, um seinen Vater zu besuchen.

Als dieser ihm bedeutete, es würde wohl besser gewesen sein, wenn sie zu Hause geblieben wären, gab er zur Antwort: „Wir sind so ausexerziert, dass wir es mit den besten ungarischen Husaren aufnehmen können."

Der Kapitän lachte und deutete mit dem Finger hinab auf die Ebene, indem er sagte: „Da reitet hinab, nur da werdet ihr euren Mann finden."

Wir sahen ihnen nach, und kaum waren sie unten angekommen, so chargierten sie, wahrscheinlich auf eine Batterie. Da kam hinter einer Waldecke ein Schwarm österreichischer oder russischer Kavallerie hervor und hieb unter sie ein. Es gab ein Gemetzel, das war zum Erbarmen. Viele von ihnen kamen bald zurück. Einer hatte dem Tschako, der andere den Säbel, ein dritter das Pferd verloren. Manche waren von Säbelhieben abscheulich zugerichtet. So ritten sie wieder dem Rheine zu. Wir sahen wenigstens keinen mehr von ihnen, ausgenommen einen einzigen, den wir später bei Erfurt mit nur einem Stiefel trafen.

So standen wir eine kurze Zeit auf dieser Anhöhe und konnten auf eine weite Strecke das Schlachtfeld übersehen, soviel es der Pulverdampf zuließ. Auf einmal hieß es: „An die Gewehre, vorwärts!" und so wir traten in die Schlachtlinie ein, wir Voltigeurs in die Reihe der Tirailleurs. Trotzdem, dass wir uns ritterlich wehrten, mussten wir doch weichen. Immer kleiner und kleiner und zusammengedrängter wurde der Halbzirkel, den unsere Armee um Leipzig herum bildete. Die Geschützkugeln und Granaten durchkreuzten sich im Zentrum. Die Hasen liefen ganz abgemattet umher und wussten nicht wohin und wo aus. Hier sah ich, wie eine brennende Granate in einen Pulverwagen fiel, eben als ein Kanonier mit seiner Tasche daran stand und Patronen ausfasste, um sie in den Protzkasten zu transportieren. Der Wagen flog hoch auf mit Mannschaft und Pferden. Alles überschlug sich. Ob noch einer mit dem Leben davongekommen ist, kann ich nicht bestimmt sagen, nur das weiß ich, dass es dem Kanonier gar nichts getan hat, außer, dass es im Gesicht ganz schwarz wie ein Rabe geworden war.

Bei den Franzosen war es, was die Artillerie betraf, ganz anders, als es jetzt bei uns ist. Die Fahrenden an den Kanonen bildeten mit denen an den Munitionswagen ein besonderes Korps, hatten also auch ihre eigenen Offiziere und Unteroffiziere. Dies verursachte nun immer Streit und Zank zwischen beiden Teilen. Es hat daher die gegenwärtige Einrichtung bei uns den Vorzug vor jener, und das zwar aus mehreren Gründen.

Wir schlugen uns, wie gesagt, den ganzen Tag hindurch sehr tapfer, und trotzdem mussten wir wichen. Wir kamen daher Leipzig je länger, je näher. Zuletzt erhielten wir unsere Stellung nahe bei einem Dorfe, nicht sehr weit von Leipzig, rechter Hand. Es hieß, irre ich nicht, Gossa. Wir mussten aber nach einem hartnäckigen Widerstand der Macht der Österreicher weichen und das Dorf ihnen überlassen.

Murat, der König von Neapel, kam herangesprengt mit seinem „Tral dal tera" und rief: „*Mes enfants, il ne faut par quitter cet village là, autrement nous sommes perdus*".

Wir drangen nun stürmend auf den Feind ein, durch ein tüchtiges Kartätschenfeuer unterstützt, und kamen wieder in den Besitz des Dorfes. Jenseits desselben setzten wir uns hinter den Lehmmauern, die da um Bitzen und Gärten aufgeführt sind, fest und machten uns mit dem Bajonette Löcher durch diese Mauern, um sie als Schießscharten zu benutzen. So stand auch ich mit etlichen Voltigeuren hinter einer solchen Mauer und wir feuerten unter die Österreicher, ohne uns weiter umzusehen.

Auf einmal hörten wir Hurra schreien. Als wir uns danach umsahen, gewahrten wir, dass wir durch die oben zum Orte eingedrungenen Österreicher von den Unseren abgeschnitten waren. Was war nun hier zu tun? In österreichische Gefangenschaft zu geraten, behagte mir ganz und gar nicht. Ich bemerkte eine Tür, die von dem Hofe aus in einen Keller ging, da schlüpfte ich hinein, ohne vom Feinde bemerkt zu werden und kauerte mich in eine Ecke nieder. Indem ich so dahockte und über dies und jenes nachdachte, zerplatzte im Hofe eine Granate nach der anderen. Ich hörte die Österreicher, die auf dem Hofe waren, deutlich sprechen. Ich konnte also mein Versteck noch nicht verlassen, obgleich ich den Besuch einer Granate fürchtete, weil die Türe Front gegen unsere Batterien machte. Es konnte auch einer der Österreicher in den Keller eintreten.

Endlich verlor sich das Gespräch des Feindes und ich hörte: „*En avant, avancer!*" rufen. Gleichzeitig hörte ich aber auch ein unheimliches Knistern. Ich lugte an der Türe. Da fiel brennendes Stroh vom Dache herab. Es war also in diesem Versteck kein Verweilen mehr. Heraus musste ich, weil das Dach durch eine Granate in Brand geraten war. Kaum war ich bis an das Hoftor gekommen, so rutschte das Dach herab. Aber nun war ich aus dem Regen in die Traufe gekommen, denn ich stand zwischen zwei Feuern im Kugelregen. Vor mir unsere Leute und im Rücken die Österreicher. Was nun machen?

Mich lange zu bedenken, war nicht ratsam. So nahm ich mein Gewehr in die Hand und lief schnurstracks unseren Leuten zu, die die Österreicher wieder zurückdrängten. Bei dieser Gelegenheit bekam ich eine Flintenkugel in den Tschako und drei in den Tornister, welche letzteren in den Hemden stecken blieben. Es ist zu verwundern, dass ich mit dem Leben davongekommen bin, doch der schützende Engel Gottes, der mir immer zur Seite stand, war auch hier bei mir.

Kaum war ich bei meinen Leuten angekommen, da zerplatzte eine Granate und ein Stück davon, welches wider die steinerne Mauer eines Hauses fuhr, prallte zurück und traf mich in die rechte Seite und zwar dergestalt, dass ich nach Luft schnappen musste. Die Österreicher drangen abermals auf uns ein, und wir mussten weichen und das Dorf ihnen wiederum überlassen.

Jetzt führte uns der Kaiser persönlich etliche Kompanien der Jungen Garde zu, und aufs Neue ging es mit einem: „*En avant, vive l'Empereur*!" mit aller Kraft und Gewalt auf unsere Gegner los, und wir wurden wieder Besitzer des Dorfes; doch wurde dieser Besitz durch viele Menschenleben erkauft. Hier sah ich den Kaiser, wie er mitten unter dem Hagel der feindlichen Kartätschen hielt. Sein Gesicht war bleich und kalt wie Marmor. Nur zuweilen zuckte das Feuer heißen Grimms darüber hin. Er sah, dass alles verloren war. Wir kämpften nur noch für den Rückzug. Das Dorf hielten wir fest.

Es wurde Nacht. Der Kampf war verstummt. Aber welch eine Lamentation und ein Jammer war in diesem Orte! Alle Häuser lagen voll von Verwundeten, die am 16.Oktober dorthin geschafft worden waren, und jetzt alle, soweit sie nicht gehen konnten, ohne Rettung verloren gingen, denn das ganze Dorf ging in Flammen auf und sie mussten mit verbrennen. Das war ein heißer, heißer Tag. Jetzt fing der Tag an sich zu neigen, meine Seite aber auch an dermaßen zu schwellen und wehe zu tun, dass ich es fast nicht mehr aushalten konnte. Der Kapitän riet mir, nach dem Feldspital zu gehen, welches nicht fern von uns war, um einen Arzt zu Rate zu ziehen.

Auf dem Wege dorthin sah ich den Kaiser mit einem seiner Adjutanten und dem König von Sachsen - der letztere in silberweißem Haar - in den Gemüsestücken umherreiten, in einem ernsten Gespräche begriffen und stark mit den Händen ausfahrend. Der Kaiser war sehr zornig und unwillig. Ich hörte dann von einem Offizier, dass die Sachsen zu den Verbündeten übergegangen waren und konnte mir den Inhalt des Gesprächs wohl denken.

Als ich im Feldspital ankam, gab mir ein Arzt, den ich über das Übel zu Rate zog, Roggenmehl und Wasser vermischt zu trinken, und von außen musste ich noch kalte Aufschläge machen. Unterwegs tat ich noch einen guten Fund. Ich fand nämlich bei einem toten Kapitän zwei französische Krontaler, aber ich konnte sie leider nicht essen, so hungrig ich auch war.

In diesem Feldspital konnte man sehen, wie Arme und Beine abgeschnitten werden! Es wurden aber damals keine so großen Zurüstungen gemacht, wie die Ärzte es gegenwärtig tun. Es kam ihnen auch nicht darauf an, ob einer mehr oder weniger starb.

Ein großes Zimmer lag gepfropft voll, fast lauter Kürassiere, denen die Arme und Beine teils weggeschossen, teils abgeschlagen waren. Ich sah lange zu. Einem Offizier wurde das Bein über dem Knie abgenommen. Er saß auf einer Bank, auf welcher er auch den kranken Fuß liegen hatte, mit dem anderen stand er auf dem Boden und sah scharf zu, ohne den Mund zu verziehen.

Bei der Amputation wurde folgendermaßen verfahren: Über der Stelle, wo das Bein oder der Arm abgenommen werden sollte, wurde es mit einem Tuche fest zugebunden, natürlich um den zu starken Zudrang des Blutes zu hindern. Nun wurde ein Schnitt rundum bis auf den Knochen geführt, sofort das Fleisch zurückgedrängt und der Knochen durchgesägt. Dann wurden mit einer Zange die Adern hervorgezogen und unterbunden, auch etliche mit einem Eisen durchgebrannt, das Fleisch wurde wieder hervorgezogen und Charpie - gezupfte Leinwand mit Kalk- oder Bleiwasser getränkt - daraufgelegt. Dies alles war eine Arbeit von etlichen Minuten, und die Operation war geschehen.

Meine Schmerzen hatten sich unterdessen einigermaßen gelegt und die Geschwulst sich vermindert. Der Arzt sagte, es sei keine Gefahr mehr vorhanden. Daher empfahl ich mich, und nachdem ich noch den vor dem Gebäude liegenden Haufen Arme und Beine betrachtet hatte, ging ich, meine Leute aufzusuchen.

Es war auch bereits Nacht geworden. Ich kam zu einem Feuer, um welches Grenadiere der Alten Garde lagen und saßen. Auf die Kohlen waren Kartoffeln zum Braten gelegt, nach welchen, als ich sie erblickte, mir der Mund wässerte. Hunger hatte ich wie ein Haifisch, denn in den fünf Tagen, die wir in der Gegend von Leipzig zugebracht hatten, hatten wir nicht für zwei Tage gegessen. Ich ließ mich mit einem alten Schnurrbart, der nach den Chevrons, den Armschnüren, die auf dem Oberarm wie ein umgekehrtes V standen, seine zwanzig Jahre gedient hatte, in ein Gespräch ein, welches ich so nach und nach auf die gebratenen Kartoffeln hinlenkte, und machte dabei die Bemerkung, dass er mir einen außerordentlich großen Gefallen erzeigte, wenn er mir etliche davon abgeben würde. Es wollte ihm aber nicht behagen; sie gehörten ihm auch nicht allein, sondern waren Eigentum seiner Korporalschaft. Auf einmal fielen mir meine zwei Krontaler ein, die ich in der Tasche trug. Ich zeigte sie ihm, und - ein Sprichwort sagt, Geld verblendet die Welt; so ging es auch hier - wir wurden einig: ich gab ihm die zwei Krontaler und er mir acht oder zehn Kartoffeln in der Dicke von gewöhnlichen Setzlingen. Wer war nun froher als ich? Nur fehlte leider Salz und Brot dazu. Endlich fand ich auch unsere Leute. Sie lagen um ein Feuer herum, nahe bei dem Dorfe, das wir den Tag über so ritterlich verteidigt und wohl auch die Nacht über behauptet hatten. Für Lebensmittel hatte kein Mensch gesorgt. Die Soldaten konnten auch nichts herbeischaffen, denn in die Stadt durfte keiner, und die Ortschaften waren leer und öde. Weder eine lebendige Kreatur noch sonst etwas war darin zu finden. Rohe Erdkohlrüben, Mark aus Kappesstrünken, auch wohl ein Apfel - , das war es, womit man den Magen anfüllte. Ein kleines Schnäpschen kostete zwei, drei, auch vier Groschen und war sehr schlecht, denn es war Fusel. Es ist mir jetzt noch unbegreiflich, dass ein doch sonst so kluger Feldherr, wie es der Kaiser war, uns so dem Hunger preisgeben konnte. Es würde ganz gewiss ein anderes Leben in der Armee gewesen sein, wenn hinreichende Lebensmittel vorhanden gewesen wären. Und doch kann, wer es nicht gesehen hat, sich keine Vorstellung davon machen, welcher Enthusiasmus sich unter den halbverhungerten und matten Soldaten kundgab, wo sich der Kaiser in Person zeigte. War alles entmutigt, und er kam geritten, so wirkte seine Gegenwart wie ein elektrischer Schlag. Alles schrie aus Herzensgrunde: „*Vive l'Empereur*!" und ging blind ins Feuer.

Nachts glich der Himmel einem Feuermeer infolge der vielen Feuer, die um Leipzig herum brannten.

8.Kapitel
Auf dem Rückzug und im Urlaub

Am 19.Oktober sah man in aller Frühe, dass die französische Armee anfing zu retirieren. Wir, das heißt unser Armee-Korps, war zur Arrieregarde, zum Nachtrab, bestimmt, und wir wurden jenseits von Leipzig in den Gärten und Gemüsestücken aufgestellt. Wir sollten den Feind zurückhalten, bis die Armee den Übergang über die Elster gemacht hatte.

Hier war wieder für einen so klugen Feldherrn, der noch am vorigen Tage schon einsehen konnte, dass auf Leipzigs Fluren und Umgegend kein Halten mehr für ihn war, ein großer Fehler begangen worden, und zwar deswegen, dass er nicht für mehrere Übergänge über die Elster gesorgt hatte. So standen wir nun hinter Leipzig und die Verbündeten und besonders die preußische Landwehr stürmte stark auf uns heran. Kanonen-, Kartätschen-, Flinten- und Büchsenkugeln kamen wie die Schloßen. Wir mussten weichen, standen oder hielten uns am Ende noch hinter einer Mauer, die uns als Schutzwehr diente. Wenn ich es noch recht weiß, so war es da, wo der Abfluss aus den Straßenrinnen zusammenfließt.

Mehrere der Unseren wurden verwundet, stürzten hinab und erstickten im Morast. Endlich schossen sie uns auch noch die Mauer vor der Nase zusammen, und zwar ohne um Erlaubnis zu fragen. Das mag wohl gegen Mittag hin gewesen sein. Bestimmt kann ich es nicht angeben. Nun war an kein Halten mehr zu denken, wir mussten weichen und uns in die Stadt zurückziehen. Auf einem freien Platz angekommen, hatten unsere Kanoniere die Kanonen über Kreuz aufgepflanzt, um nach allen Richtungen und Straßenmündungen hin schießen zu können. Als wir nun über diesen Platz wegmarschierten, kamen die Österreicher auf unserer Linken einmarschiert und machten in Sektionen Feuer unter uns.

Türen und Fensterläden waren alle in der Stadt geschlossen. Wo wir in der Stadt umhermarschierten sind, das weiß ich nicht. Nur so viel erinnere ich mich noch, dass wir zu einem Tore von eisernen Palisaden herausdrängten; und da dieses Tor stark mit Kartätschen bestrichen wurde - auch die Sachsen schossen jetzt auf uns -, so lagen die Toten, über die wir hinweg mussten, mannshoch auf- und übereinander.

Jetzt ging es nach der Elsterbrücke hin, die aber schon gesprengt war, was wir nicht wussten. Rechts der Straße waren Gärten oder Gemüsestücke. Die Straße aber lag höher als dieselben; daher war sie zu beiden Seiten mit einem Geländer versehen. Dazwischen hindurch musste die ganze Armee. Das war ein Elend zum Erbarmen, eine *pêle-mêle* oder ein Durcheinander ohnegleichen. Artillerie, Infanterie, Kavallerie, Marketender, Packpferde und Munitionswagen - alles unter- und durcheinander - drängten sich hervor nach dem Flusse. Wer in der Mitte war, wurde gehoben und getragen und ohne Rettung in den Fluss gestürzt. Andere, die zu Boden kamen, wurden von den Hufen oder Rädern zermalmt. Das Wasser wimmelte von Menschen und Pferden, die mit dem Tode rangen. Waren die Reiter auch mit ihren Pferden an das linke Ufer geschwommen und wollten heraus, so fanden die Pferde, weil das Ufer steil war, mit den Hinterfüßen keinen Stand, überschlugen sich rücklings, und Reiter und Pferd fanden den Tod. So auch der polnische General Fürst Poniatowski, ein stattlicher Mann in Ulanenuniform, der einige Tage zuvor zum Marschall ernannt worden war. Auch unser kommandierender General Lauriston kämpfte mit dem Elemente und rang mit dem Tode, wurde aber gerettet, jedoch als Gefangener.

Unter dieser Zeit kamen wir auch zwischen dieses Geländer. Um aber nicht in den Fluss getragen zu werden, ließen unserer vier uns unter dem Geländer den Abhang hinab in die Gärten rollen. Wären wir in der Mitte eingepackt gewesen, so wäre das unmöglich gewesen. Wir gingen nun den Fluss etwas hinab, zogen uns aus, banden die Kleidungsstücke zusammen und auf dem Rücken fest und schwammen herüber. Gewehr, Tasche und Tornister ließen wir drüben liegen. Das tut mir jetzt noch Leid, dass ich eine mit Silber beschlagene, kostbar eingelegte Stechbüchse, die ich am 16.Oktober auf dem Schlachtfelde aufgerafft und bis dahin getragen hatte, auch drüben lassen musste.

Einer von uns vier, ein Pariser mit Namen Lagarde, hatte das diesseitige Ufer noch nicht erreicht, als er von einem, der im Wasser getrieben kam und mit dem Tode rang, am Fuße gepackt wurde. Hätten wir ihm nicht ganz geschwind ein Reis gereicht und ihn an das Land gezogen, so wäre er verloren gewesen. Ein Glück für ihn, dass er dem Ufer so nahe war. Wir folgten nun den anderen auf der Straße nach Lützen hin.

Am anderen Tage fanden wir auch unser Regiment, dass schon am 19. Oktober des Morgens früh mit der Fahne die Brücke passiert hatte. In einem Dorfe, wo wir Halt machten, um auszuruhen, kamen die Soldaten und sagten, in der Scheuer hätten sie ein Schwein grunzen gehört. Sie fingen an, das Stroh wegzuräumen, und es fand sich wirklich eins und sogar noch ein total gemästetes. Einwohner waren keine im Dorfe zu sehen. Es wurden nun sogleich Anstalten zum Kochen gemacht. Etliche zündeten Feuer an, andere schälten Kartoffeln, die sich im Keller fanden, noch andere nahmen die Bajonette und töteten das Schwein. Es mag so an 150 Pfund gewogen haben. Nun wurden die Hinterschinken abgetrennt, am Feuer von den Borsten gesäubert, zu kleinen Stücken geschnitten, unter die Kartoffeln getan und alles miteinander gekocht. Als es gar war, wurde es mit dem größten Heißhunger verzehrt. Salz fanden wir, aber kein Brot dazu. Was geschah? Wir hätten es freilich denken können. Der frische Speck verfehlte seine Wirkung nicht. Es war eben so, als hätte ein jeder 4 bis 6 Lot Rizinusöl eingenommen. Waren wir nicht schon matte und elend, so wurden wir es jetzt.

Des Abends brachten einige Soldaten Mehl, das wir zu einem Teige kneteten und auf den Kohlen buken. Beinahe wäre uns auch da ein Unglück begegnet. Es kam nämlich ein Voltigeur und brachte noch Mehl. Zum Glück nahm noch ein anderer rechtzeitig wahr, dass es - Gips war!

Jetzt marschierten wir über Weißenfels, Naumburg und Weimar nach Erfurt. Unterwegs fand ich einen Kavalleriekarabiner, den ich nun als Gewehr benutzte. Auch fand ich in einer Mühle hinter einem Mehlkasten Krusten von Kommissbroten, die freilich ganz verdorrt und verschimmelt waren. So sehr ich nun auch ein Feind des geschimmelten Brotes bin und von jeher war, so achtete ich doch diesmal nicht darauf. Das Schlimmste war das, dass mein Tornister noch zu Leipzig an der Elster lag und ich daher nicht viel aufpacken konnte. Diese Krusten tauchte ich ins Wasser und legte sie sodann auf die Kohlen. Sie wurden weich und schmeckten vortrefflich. Auch fanden wir etwas Mehl in dieser Mühle und nahmen uns vor, Klöße davon zu kochen. Da wir dieselben zu gut machen wollten, Rahm und dergleichen dazu taten, hielten sie nicht zusammen und wir erhielten anstatt der Klöße - eine Suppe.

Es sollte auch daselbst ein Kordon gezogen werden, die Retirade aufzuhalten und die Bataillone und Regimenter zu sammeln. Denn ein jeder ging für sich dahin, ohne sich um Offiziere und Kommando zu bekümmern, wodurch denn die Kosaken, die wir jeden Tag auf unserer Linken erblickten, manchen wegschnappten. Aber, du lieber Gott, da war an kein Aufhalten zu denken, es war eine französische Retirade.

Unser Bataillon zählte bei Erfurt 56 Mann. In Erfurt war ich auf dem Wege, die große 275 Zentner schwere Glocke in Augenschein zu nehmen, da schlug es Generalmarsch und ich musste umwenden. Wir marschierten nun an Gotha vorbei nach Eisenach und von dort den Berg hinauf über Vacha und Hünefeld nach Fulda.

Bei Fulda fanden wir neben der Straße einen schweren Schweinskopf mit schwarzen Borsten, welchen wir mitnahmen. Des Abends auf dem Biwak wurde er gesäubert und gekocht, bis das Fleisch vom Knochen fiel. Dann wurde es kleingeschnitten und unter Kartoffeln gemischt. Dies gab ein herrliches Nachtessen, das uns aber besser bekam als bei Lützen, weil es nicht so fett war.

Jetzt ging es über Schlüchtern und Gelnhausen nach Hanau zu. Bei Gelnhausen oder Schlüchtern war ein adliges Gebäude, wo die Bücher der Bibliothek im Hause und auf dem Hofe umherlagen. Alles war total ruiniert. Wehe tat es mir im Herzen, als ich die Bücher so umherliegen sah. Auch ein paar schwarzgefärbte hirschlederne kurze Hosen lagen dabei, diese nahm ich mit nach Hause und mein Vater trug dieselben, solange er lebte.

Auf dem Marsche von Gelnhausen nach Hanau sahen wir vor uns auf der Straße - wir waren von Gelnhausen aus bei der Avantgarde, dem Vortrab - eine Kanone aufgepflanzt, die uns das Mundloch zeigte, aber nicht bespannt war. Unser Kommandant sagte gleich: „Das ist nicht richtig, ich glaube, wir sind umgangen."

Indem so darüber gesprochen wurde, sprang ein Kanonier aus dem Gebüsch hervor und brannte sie ab. Die Kugel zischte über uns dahin. Die Kanone wurde bespannt und abgefahren und aus dem Gebüsche drang Infanterie hervor, die uns weit überlegen war. Die dummen Kerls von Bayern, hätten sie die Kanone weggelassen und sich im Gebüsch verborgen gehalten, so wären wir mir nichts, dir nichts in die Falle gegangen.

Wir zogen uns nun zurück, bis wir Verstärkung erhalten hatten. Endlich wurde angegriffen. Wir nahmen links von der Straße in einem Eichenhochwald Stellung und trieben unsere Gegner zurück. Als wir aber das Waldende nach Hanau zu erreicht hatten, standen bayerische Infanterie, Kavallerie und Artillerie in Masse da, die uns nun mit Peletonfeuer und Kartätschen bewillkommten.

Obschon die Kavallerie uns wegen des Waldes nichts anhaben konnte, so mussten wir uns doch zurückziehen, weil sie ihre Tirailleure verdoppelt hatten. Es war ein wahres Vergnügen, zu hören, wie die Flintenkugeln und Kartätschen wider die Bäume klapperten, zwar auch manchen verwundeten oder ihm gar das Leben raubten.

Wir kamen nun wieder dahin zurück, wo wir zu tiraillieren angefangen hatten, nämlich an das Ende des Waldes nach Gelnhausen zu. Da kam der Kaiser und mit ihm die Alte Garde, Infanterie, Kavallerie und Artillerie, auch noch Linientruppen aller Gattungen. Wer es nicht gesehen hat, kann es auch nicht glauben, noch viel weniger sich eine Vorstellung davon machen, wie die alten Schnurrbärte von Schweiß trieften. In der einen Hand trugen sie das Gewehr, in der anderen die Bärenmütze. Das waren Soldaten, vor denen man Respekt haben musste. Es musste aber einer auch schon seine zehn Jahre gedient haben, ehe er zu diesen Garde kommen konnte. Die Infanterie stieß zu uns und die Reiterei und das Geschütz bogen rechterhand der Straße um einen Kiefernwald. Nun ging es mit uns in aller Kraft und einem „*Vive l'Empereur*!" darauf los und wir siegten. Wie könnte es auch anders sein? Der Kaiser war ja in Person dabei. Überdies hieß es auch so viel als: Vogel friss oder stirb, das heißt, schlag dich durch oder gib dich gefangen! Im gewöhnlichen Ausdruck: wir mussten über die Klinge springen.

Der Feinde Absicht war ja auch keine andere, als uns den Rückzug abzuschneiden. Hätten sie die Engpässe bei Schlüchtern besetzt gehalten, dann hätte es schlimm um uns gestanden. Ein Gefangener erzählte mir, es hätten noch österreichische Truppen, besonders Reiterei, mit den Bayern eintreffen sollen, was aber nicht geschehen sei, weil sie lieber ihre Rasttage richtig eingehalten hätten. Und wäre der Kaiser nicht selbst zugegen gewesen, so hätte es auch ganz anders gehen können.

Als wir nun abermals mit Hilfe der Alten Garde - und das war eine Kleinigkeit, indem diese so darauf losgingen wie der Hund wider die Küchentür - vor den Wald brachen, kam ihnen unsere Reiterei mit den Geschützen in den Rücken. Das gab ein fürchterliches Gemetzel, von einer furchtbaren Kanonade begleitet. Die ganze Fläche war mit Leichen und bayerischen Kasketten - so hieß die Kopfbedeckung - übersät. Wie wir nachher erfahren haben, sollen sehr viele im Main und in der Kinzig ertrunken sein. Obzwar ich schon nicht sagen kann, was links oder rechts von uns vorging, so glaube ich es in meinem Leben nicht, dass wir unsererseits so viel Leute verloren haben, wie es die Geschichte angibt.

Des Nachts lagen wir in dem Eichenwalde, ohne Lebensmittel zu erhalten. Der Kapitän der 4.Kompanie, *un bon garcon*, der mich gut leiden konnte, ließ mich zu sich rufen und lud mich zu einem auf Kohlen gerösteten Stück Rindfleisch ein, was mir sehr willkommen kam.

Auch der Kaiser in höchsteigener Person teilte das Nachtlager im Walde mit uns. Das Feuer, an dem er mit seinem Stabe die Nacht zubrachte, war keine 200 Schritte von uns entfernt. Wir durften in dieser Nacht weder Ta sche noch Tornister abhängen. Auf einmal wurde der ganze Wald erhellt. Ein Teil der Stadt Hanau war in Flamme aufgegangen. Wahrscheinlich war es in Brand geschossen worden.

Wenn ich es noch recht weiß, so war es am 31.Oktober, als wir des Morgens in aller Frühe uns in Bewegung setzten und an Hanau vorbei nach Frankfurt zu marschieren.

Als wir nahe an Frankfurt kamen, hatte der Kuckuck Bayern diesseits des Mains. Unsere Artillerie machte sogleich Anstalt und beschoss die Brücke, die von Frankfurt nach Sachsenhausen führt. Die bei dieser befindlichen Mühlen gerieten in Brand und die Herren Bayern putzten die Platte.

Wir marschierten um Frankfurt herum und lagerten uns diesseits der Stadt in den Gärten. In die Stadt durfte keiner, ohne dazu kommandiert zu sein. Gegen Abend wurden die Fourriere zum Brotfassen beordert. Da ich nun keinen Fourrier hatte, so zählte ich meine Leute und ging selbst mit etlichen Voltigeurs nach dem Magazin. Der Inspekteur im Magazin oder welchen Titel er hatte, war ein gefälliger und gesprächiger Mann. Indem wir beide uns so über die Schlachten an der Katzbach, bei Leipzig und Hanau unterhielten, zapfte er einen Krug Wein nach dem anderen. Aber unser aller Magen, also auch der meinige, war bis auf den Grund und Boden leer. Es war daher gar nicht zu verwundern, dass der Geist des Weines ins obere Stockwerk, das heißt in den Kopf, stieg. Als wir nun mit den Broten kamen, schnappten alle danach wie der Fisch nach einer Krume. Alle ließen es sich recht gut schmecken und in der Zeit von einer halben Stunde war schon wieder alles aufgezehrt. Ich behielt ein Brot übrig, schnitt es durch und gab es zwei Voltigeurs zum Tragen.

Als ich aber am anderen Morgen danach fragte, hatten sie es auf meine Gesundheit verzehrt. Was wollte ich machen? Die armen Teufel hatte ja doch auch noch Hunger übrig. „Es war Ihnen ganz recht geschehen, Sie hätten es selbst tragen sollen."

Des Nachts schlief ich auf einem Haufen Wellen, ohne auch nur einmal wach zu werden, obgleich es ziemlich stark regnete.

Am 01.November brachen wir des Morgens früh auf und marschierten über Höchst und Hochheim nach Mainz. Unterwegs zeigten sich abermals bayerische Patrouillen, hielten aber nicht Stich. Die Tabakfabrik in Höchst war rein ausgeplündert. Hier und da lagen noch einzelne Pakete oder Karotten umher.

Nun ging es schnellen Schrittes nach Kastel, dem Punkte, nach dem wir alle, Soldaten, Unteroffiziere und Offiziere, uns schon manches Mal gesehnt hatten, um daselbst den Rhein zu repassieren.

Als ich so auf der Rheinbrücke dahinging, wurden allerlei Gedanken in mir rege. Vor allem aber sah ich mit Dank auf zu dem, der mir in den vielen Gefahren so sichtbarlich schützend zur Seite stand, nämlich zu dem lieben Gott. Und hatte ich nicht auch Ursache, es zu tun, wenn ich bedachte, dass von 3.500 Mann ich mit nur 79 davongekommen war? Was wir aber jenseits des Rheines ausgestanden hatten und wie viel wir da die größte Zeit mit dem Hunger zu kämpfen hatten, mich darüber hinreichend auszudrücken, dafür weiß ich keine Worte zu finden und es ist auch kein Mensch imstande, sich nur im geringsten einen Begriff davon zu machen.

Was war nun aber diesseits des Rheines zu tun? - Hunger wie ein Wolf und kein Pfennig in der Tasche! Es fiel mir ein, dass wir Sergeant-Majors mit den Fourrieren, ehe wir über den Rhein hinübergingen, auf der großen Bleiche im „Goldenen Bocke" unsere Rechnungen mit dem Regimentszahlmeister abgeschlossen und darüber in vier Tagen dem Bockwirte manchen Franc zu verdienen gegeben hatten. Da nur der Wirt dabei gegen uns sehr höflich war, so stieg der Gedanke in mir auf: „Der wird Dir wohl zum Willkommen etwas darreichen."

Aber fehlgeschossen; er - erinnerte sich dessen nicht mehr. Er machte es, wie es der größte Teil der Wirte zu machen pflegte: wenn man nämlich zu ihnen kommt und rasselt in der Tasche, oh, dann sind sie gar so gefällig und höflich. Kommt man aber mit ein paar armseligen Kreuzern zu ihnen oder nimmt man gar ihre Barmherzigkeit in Anspruch, oh, dann sehen sie über die Schulter nach dem Gaste und zwar mein Bockwirt in Mainz tat es mit einem Auge, weil - er nur eins hatte. Es gab also nichts, weder zu essen noch zu trinken.

Des Nachts schlief ich in der Ofenecke auf einem Stuhle. Zu verwundern war es, dass er mich da noch litt. Am anderen Morgen in aller Frühe trat mein Kommandant ins Zimmer - er hatte nämlich auch in diesem Hause geschlafen - und fragte mich nach dem Bataillon.

„*C'est à vous, mon commandant, qu'il le doit savoir.*"

Es war in Zahlbach einquartiert und wir waren im ganzen 80 Mann stark. Das war aber auch das ganze Regiment. Wir beiden machten uns nun zusammen auf den Weg nach Bingen, er zu Pferde und ich per pedes apostolorum. Dahin sollte auch das Bataillon kommen.

In Ingelheim sprachen wir den Gendarmen Bohrer, der früher Korporal in unserem Bataillon war, um Brot an. Er wohnte nämlich da. So viel Mühe er sich auch gab, um etwas zu erhalten, so war es ihm doch unmöglich, etwas auszuspähen. In dem ganzen Orte, so groß er auch ist, war auch nicht ein Mund voll Brot zu erhalten. Wir mussten uns also mit leerem Magen weiterbequemen.

In Bingen angekommen, redete der Kommandant uns an, ob wir nicht etwa in dieser Gegend zu Hause wären. Wir bejahten es. Er bot uns zehn Tage Urlaub an, damit wir unsere Eltern besuchen könnten, war wir mit Dank annahmen. In Koblenz sollten wir wieder zusammentreffen. Dahin sollte nämlich das Bataillon marschieren. Wir schritten nun, immer noch mit leerem Magen, der Nahebrücke zu.

Diesseits angekommen, mussten wir uns trennen. Einer ging die Nahe hinaus, zwei den Rhein hinab und einer den Berg hinauf nach dem Hunsrück. Vor unserer Trennung gaben wir uns noch die Hände darauf, dass ein jeder wieder eintreten wollte und wir alle vier wollten so lange festhalten, bis wir entweder mit dem Tode oder mit Abschied abgingen, und - wir hielten auch Wort.

Als ich oben auf der Höhe war, sah ich rechterhand im Tale einen Knaben, der Futter suchte. Auf meine Frage, woher er sei, antwortete er: „Von Weiler."

Da fiel mir auf einmal, wie vom Himmel eingegeben, ein, dass ein katholischer Pfarrer dahin versetzt worden war, den ich sehr gut kannte. Er heiß

Schneider. Ich fragte den Knaben, ob der Vater Schneider noch lebe und erhielt zur Antwort: „Jawohl, er lebt noch, aber er ist so dick und fett, dass er fast keine Luft mehr bekommt", worauf ich antwortete: „So werde ich hingehen und ihm Luft verschaffen."

„Ach, mein lieber Soldat", bat der Knabe, „tun Sie ihm doch nichts zuleide! Er ist ein gar so braver Mann."

Und der Knabe hatte Recht. Dieser Pastor Schneider war ein Mann nach dem Herzen Gottes und in der Schule Jesu Christi gebildet, nicht in der Schule der „Gesellschaft Jesu". Als ihm die Seelsorge über einen bedeutenden Kirchsprengel mitten auf dem Hunsrück übertragen worden war, da kannte man keine Reibungen und keine Zwistigkeiten zwischen Evangelischen und Katholiken. Beide Religionsparteien lebten wie Brüder und Schwestern und wie Kinder eines und desselben himmlischen Vaters. Er ermahnte seine Pfarrkinder zur Einigkeit, zur Duldsamkeit und Verträglichkeit und legte ihnen recht warm ans Herz, dass wir alle, Katholische und Evangelische, nach einem und demselben Ziele strebten, dass wir alle eines und dasselbe Glaubensbekenntnis hätten. Es war ihm eines und dasselbe, ob die Zeugen bei der Taufe eines Kindes katholisch oder evangelisch waren. Bei ihm stand es fest, was ein Liedervers sagt: „Auch dem Bruder, welcher hier anders denkt und glaubt als wir, sollen wir die Hände reichen und dem Gott der Liebe gleichen.

Er ging zu seinen evangelischen Amtsbrüdern auf Besuch und diese kamen zu ihm. Das war eine schöne Zeit.

Ich ging in den Ort, erkundigte mich nach dem Pfarrhause, klopfte an und als es hieß: „Herein!", trat ich mit einem „Guten Abend, Herr Pastor!" mit Gewehr und Waffen in die Stube ein.

„Guten Abend, Herr Krieger!" kam es ganz leise hinter dem Bettvorhange hervor.

Alle Menschen waren bei diesem Rückzuge in Furcht und Schrecken versetzt und also auch ganz gewiss dieser Pastor. Um ihn zu beruhigen, fuhr ich fort: „Herr Pastor! Sie werden verzeihen, mein Weg führte mich nahe an diesem Orte vorbei und da konnte ich doch nicht anders, als bei Ihnen vorzusprechen, um mich nach Ihrem Befinden zu erkundigen."

Etwas heiterer fragte er: „Wer sind Sie denn?"

Ich nannte ihm meinen Namen und fuhr fort: „Sie haben mich einige Male in Koblenz besucht. Ich ging auch einmal auf Ihr Verlangen mit Ihnen zum Präfekten Lezai de Marnesia."

Nun schrie er aus Leibeskräften: „Gretel! Bring dem Herrn Krieger einen Schoppen Wein und Butter und Brot!"

Das war für mich ein englischer Lobgesang. Ich sprach daher für mich selbst: „Halleluja!" Das war es ja auch, was ich erwartet hatte. Seit Frankfurt hatte ich nichts mehr gegessen. Mein Pastor ließ sofort ein Tischchen ans Bett rücken und ich setzte mich mit meinem Abendbrot zu ihm. Es schmeckte herrlich. Die Portion wurde wiederholt und ich musste erzählen, dabei essen und trinken. Als mein Magen gefüllt war und der Kopf von zwei oder drei Schoppen auch seinen Teil hatte, sagte ich meinem Gastgeber ein herzlichen Dank, aber auch der Gretel und empfahl mich. Es war um die Abendglockenzeit. Ich machte mich auf die Sohlen und nun ging es nach Stromberg zu und zwar in starken Schritten. Hätte Schnee gelegen, so wäre wohl die Bahn etwas schlänglich geworden.

In Stromberg ging ich stracks durch, weil ich niemand daselbst kannte. Im Batzenhäuschen, einem Wirtshaus bei Purizellis Eisenhütte, war Licht, als ich daselbst ankam. Weil mein Magen jenseits des Rheins öfter mehrere Tage keine Beschäftigung hatte, so war er jetzt geschwinde mit dem Verdauen fertig. Er machte daher schon wieder Requisition und Anforderung. Ich trat also in dieses Wirtshaus ein und verlangte einen Trunk Wasser. Der Türe gegenüber, tief unten in der Stube, saß ein mir bekannter Haferhändler. Dieser hatte einen Schoppen Wein und einen abgesottenen Schinken von einem jungen Schweinchen vor sich stehen.

Als ich das erblickte, wurde es mir, ich weiß nicht wie, in der Gegend des Magengrübchens. Ich trat zu ihm hin und bewillkommnete ihn. Als er mich erkannte, lud er mich sogleich ein, an seiner Abendmahlzeit teilzunehmen, was ich natürlich mit Dank annahm. Wir aßen das Schinkchen und tranken auch etlichen Schoppen Wein, welche er bezahlte. Während seines Lebens und noch bis dato habe ich diese Gefälligkeit nicht vergessen und habe ihm, wenn wir uns zusammen trafen, manchen Schoppen Wein dagegen bezahlt. Der allerletzte Dank, den ich ihm erweisen konnte, war, dass ich seiner Beerdigung beiwohnte und seiner Asche eine stille, friedliche Ruhe und seiner Seele die ewige Seligkeit wünschte. An seinem offenen Grabe sprach ich im Stillen, aber aus der Tiefe meines Herzens die Worte: „Oh, Gott, ach nimm ihn mit Erbarmen zu Deines Reiches Erben an! Er hatte, weil er lebte, Armen mit Deinen Gaben Guts getan; drum fleh' ich, Gott vor Deinem Thron, groß, herrlich, ewig sei sein Lohn. Ja, lieber Freund, der Du nun hier in dieser Gruft liegst, was das Verwesliche betrifft, die Stimme unseres Heilands wird an Dich ergangen sein: Komm, getreuer Knecht, ererbe meines Vaters Reich, komm an meine Rechte! Was Du meinen Brüdern gabst in dem Erdenleben, sie zu trösten, alles hast Du auch mir gegeben!"

Es mochte wohl Mitternacht gewesen sein, als ich mich in Marsch setzte, um noch nach Rheinböllen zu gelangen. Die Straße war nicht in dem Zustande wie gegenwärtig, sondern uneben und, weil es geregnet hatte, voller Wasserpfützen, dabei war es stockfinster.

Ich kam aber endlich doch in Rheinböllen an, eilte über den Gottesacker und klopfte am Fenster einer meiner besten Freunde an. Auf die Frage: „Wer ist da?", antwortete ich: „*Un Soldat, ouvrez la porte tout de suite*!"[36]

Auch diese guten, friedlichen Leutchen erschraken nicht wenig und wurden mäuschenstill. Um sie von ihrer Angst zu befreien, nannte ich meinen Namen und im Nu war die Tür geöffnet. Wir freuten uns recht herzlich des Wiedersehens. Die Frau war sogleich beschäftigt, Milchsuppe mit abgesottenen Kartoffeln zuzurichten, was mir wieder herrlich schmeckte.

Nachdem wir noch eine Weile geplaudert hatten, machte nun mein Freund den Vorschlag, mich zu ihnen ins Bett zu legen, die Frau hinten, er in der Mitte, ich vor, worauf ich aber nicht einging. Ich entschuldigte mich damit, dass ich nicht alleine, sondern noch mit vielen lebenden Geschöpfen beladen sei. Ich nähme daher vorlieb mit einem hinter dem Ofen gelegenen Bund Stroh. Dazu hätte ich auch seit einem halben Jahre in keinem Bette mehr gelegen, wäre also davon entwöhnt.

Ich schlief des Morgens, bis die Sonne schon ziemlich hoch am Himmel stand. Als ich erwachte, sagte mir mein Freund, dass ich vom Herrn Pfarrer zum Kaffee eingeladen wäre. Kaffee war zur selben Zeit hier etwas Seltenes, denn das Pfund Bohnen kostete 1 Taler 10 bis 1 Taler 16 Silbergroschen. Zu Mittag aß ich bei meinem Freunde und nun war Wolfshunger verschwunden. Nachmittags trat ich meinen Weg nach Hause an und ein Sohn des Pfarrers gab mir das Geleit, meinem Gewehr zu Gefallen. Unterwegs verschoss er alle Patronen, die ich noch hatte. Die Kugeln biss ich, wie es sich von selbst versteht, ab.

Den letzten Schuss, den er tat, hörten meine Leute, die mit Flachsbrechen beschäftigt waren, wobei meine Schwester sprach: „Wenn das mein Bruder wäre!"

Mein Vater aber erwiderte: „Wer weiß, wo dessen Knochen nun liegen?"

Bei meinem Eintritt in die Stube waren sie eben beim Abendessen begriffen, aber auf mein „Guten Abend" legten sie wie auf Kommando Messer und Gabel nieder. Alle waren einen Augenblick sprachlos. Dann aber brach die Freude um so heller durch. Meine Schwester weinte immerfort. Mein Vater, sonst ein ruhiger Mann, wurde seines Rührens kaum Meister.

---

36 „*Un Soldat, ouvrez la porte tout de suite*!" - (fran.) „Ein Soldat, macht' die Tür auf und das geschwind!"

Nun ging es wie ein Lauffeuer durch den Ort: „Des Schulmeisters Jakob ist da!", und ehe noch eine Viertelstunde verlaufen war, war die Stube vollgepfropft voll Menschen, Alte und Junge, Männer und Weiber.

Mein Vater war auch sehr froh, mich wieder zu sehen. Sogleich ließ ich mir die Kleider bringen, die ich von Koblenz aus heimgeschickt hatte, zog mich bis auf die Haut aus, wusch mich vom Scheitel bis auf die Fußsohlen und legte die Frischen an. Die abgelegten Kleider wurden auf der Stelle in einen mit Wasser gefüllten Kessel getan und tüchtig gekocht. Warum? Das wird man sich wohl denken.

Nun musste ich erzählen bis spät in die Nacht.

So hielt ich mich vierzehn Tage zu Hause. Ich machte hier die Entdeckung, dass die Zeitungsnachrichten alle falsch waren. Von der völligen Zertrümmerung der Armee war nichts zu lesen gewesen. Nur „die Schlacht bei Dresden" war in aller Ausführlichkeit geschildert worden. Und die preußische Landwehr, die uns doch schließlich den Garaus gemacht hatte, wurde nur Kanaille genannt.

Allmählich aber fing ich an, Langeweile zu bekommen, weil ich keine Beschäftigung hatte. Auch zog es mich mächtig zu dem Stübchen hin. Ich rückte daher bei den Meinen mit meinem Vorhaben heraus, dass ich gesonnen sei, eine Reise nach Koblenz zu machen. Sie sahen es zwar nicht gerne. Ihre Meinung war, mich bis zum Abmarsche der Franzosen verborgen zu halten, was ich aber rundweg abschlug.

Nicht, dass ich so gut französisch gesinnt gewesen wäre, - nein, ich trage ein echt deutsches Herz im Busen. Damals aber hatte ich einmal der französischen Fahne die Treue geschworen. Den Namen eines Ausreißers wollte ich auch nicht tragen. Ich hing also eines Morgens Säbel und Tasche um, nahm meinen Karabiner auf die Schulter und trat die Reise nach Koblenz an. Beim Weggehen hörte ich, dass mein Vater sagte: „Wenn Ihr ihn noch einmal sehen wollt, so schaut ihn an, denn er kommt nicht wieder, sondern er geht zum Regimente."

Als ich nach Koblenz kam, erfuhr ich sogleich bei einem meiner Freunde, dass die Mademoiselle im Stübchen an der Nervenkrankheit darniederliege und zwar sehr gefährlich. Sogleich eilte ich hin und fand es wirklich so. Ihr Bruder, der Direktor, meinte zwar, jetzt würde sie wohl wieder genesen, weil ich angekommen sei. Allein, er hatte es nicht getroffen. Der Professor Dr. Wegler, mit welchem ich sprach, gab sie verloren. Als ich zu ihr kam, wurde sie zwar etwas munterer, aber es dauerte nicht lange. Sie fragte mich sogleich nach dem Geldbeutelchen und gab mir das Schlüsselchen zu ihrem Pulte mit dem Befehl, mir aus ihm ein paar Dutzend Franken zu nehmen, um mit meinen Bekannten einen Schoppen Wein trinken zu können. Ich nahm mir deren 25.

Am anderen Tage erhielt sie die Sterbesakramente. Nun wollten sie mich nicht mehr zu ihr lassen. Allein, da ich mit der Aufwärterin bekannt war, gelang es mir doch, und wir beide blieben die Nacht hindurch bei ihr. Sie phantasierte fortwährend, aber sie ließ meine Hand nicht los.

Am anderen Tag des Nachmittags entschlief sie. Ihre Krankheit hatte sie sich durch ihre Mildtätigkeit zugezogen. In dem Jesuitengebäude war nämlich ein Spital für nervenkranke Soldaten eingerichtet worden. Sie kochte jeden Tag zweimal Suppe und teilte sie selbst unter die Kranken aus. Dabei fischte sie die Krankheit auf. Ich gab ihr das letzte Geleit in namenloser Traurigkeit. Koblenz war nun tot für mich, besonders das Jesuitengebäude. Ich eilte daher hinaus, so schnell ich konnte.

9.Kapitel

Wieder bei der Fahne und allerlei Schicksale

Jetzt suchte ich meine Fahne wieder. An der Hauptwache begegnete ich dem Kommandanten. *„Oh, vous voilà mon sergeant-major"*, redete er mich an, *„je vous croyais deserteur!"*[37]

Ich musste nun eilig auf das Büro, um da beim Fertigen des Etats für drei Monate Sold auszuhelfen! Das Büro war dabei im Heidelberger Fass. So nannte sich nämlich ein großes Haus am alten Löhr-Tor. Bei den Franzosen war es nämlich so: Hatte der Soldat das Ausland betreten, so bezog er keine Löhnung mehr. War er wieder innerhalb der Grenzen angekommen, so wurde ihm alles nachbezahlt, wahrscheinlich aus der Ursache, dass das Geld im Lande blieb.

Das Bataillon war in Kapellen einquartiert und marschierte, während wir noch in Koblenz waren, nach Neuss

Als die Etats gefertigt waren und der *Officier payeur* das Geld in Empfang genommen hatte, reiste er mit dem Kommandanten und mir am anderen Tage dem Bataillon nach. Es ging aber nicht so schnell wie jetzt, sondern wir hatten sechs Marschtage und einen Ruhetag.

[37] „*Oh, vous voilà mon sergeant-major, je vous croyais deserteur*!" - (fran.) „Oh, sind Sie da, Sergeant-Major, ich dachte, Sie kämen nicht mehr!"

Am 01.Dezember des Nachmittags trafen wir wohlbehalten in Neuss ein, doch hatte ich mir den Fuß ein wenig verrenkt oder vertreten.

Neuss liegt am Flüsschen Erft und dem Nordkanal, eine Viertelstunde vom Rhein entfernt. Es hat einen schönen Marktplatz und eine schöne, alte, ehrwürdige Kirche. Als wir daselbst ankamen, ging es eben zum Fleisch- und Brotfassen. Da wir aber in unserer Kompanie keinen Fourrier hatten, ging ich mit. Ich geriet dabei mit dem Metzger, der nahe bei der Kirche wohnte, in Wortwechsel, weil mich das Fleisch nicht gefallen wollte. Es war auch wirklich sehr schlecht. Die Garnison des Städtchens bestand aus Trümmern mehrerer Kavallerie- und Infanterie-Regimenter. Aus wieviel Mann, kann ich nicht bestimmt angeben. Es waren ungefähr 300 Mann.

Jede Nacht nach 02.00 Uhr schlug es Generalmarsch und die ganze Garnison stand, bis es Tag wurde, unter den Waffen. Dabei war es sehr kalt. Die erste Nacht nach unserer Ankunft, als es Generalmarsch schlug, stand ich auf - wir waren bei den Bürgern einquartiert -, hing meine Sachen um, nahm mein Gewehr, welches ich den Abend bei meiner Ankunft erhalten hatte, und eilte nach der Hauptwache auf dem Marktplatze. Als ich dort angekommen war, war sonst niemand zu sehen, außer einem Bataillonskommandeur, der da umher spazierte.

Der Sergeant der Wache, Namens Passavanti aus Köln, sagte zu mir, es wären mehrere Schüsse am Rhein gefallen, was ich dem Bataillonskommandeur auf Französisch sagte. Dieser war aber der Meinung, die Wache hätte sich verhört. Der Sergeant aber behauptete, dass dem nicht so sei, sondern er wäre seiner Aussage gewiss.

Unterdessen kamen mehrere, und so auch unser Bataillonskommandeur Duquesnoi. Als ich diesem erzählte, dass mehrere Flintenschüsse am Ufer des Rheins gefallen wären, schickte er sogleich eine Patrouille aus, um die Sache näher zu untersuchen. Dieser Patrouille ging es aber ebenso wie dem Raben des Vater Noah, - sie kam nicht wieder!

Hier ging es nun wieder, wie es bei solchen Regimentstrümmern, besonders bei den Franzosen, zu gehen pflegte: anstatt, dass nach einem Generalmarsch höchstens in einer Viertelstunde alles versammelt sein sollte, kam einer heute und der andere morgen, ja manche gar nicht.

Auf einmal hörten wir nach dem Grimlinghauser-Tore zu ein Geschrei, dass man glauben sollte, die Welt sei am Untergehen oder die Sintflut bräche herein.

„Was ist das?", sagte der Kommandant.

„Das ist der Feind!", war die Antwort.

„Voltigeure, vorwärts!", kommandierte er nun und wir marschierten vorwärts, dem Lärme entgegen, waren aber leider eine kleine Anzahl.

Bald stießen wir auf den Feind, der in Sektionen mit Gesang und Hurra, *à la tête*, an der Spitze vier hellblaue Husaren, uns entgegenkam. Die Husaren hatten blank gezogen und, wenn ich nicht irre, Bärenmützen auf dem Kopfe. Wir riefen: „*Qui vive?*", allein es schien, als wären sie taub. Sie ritten ihres Weges vorwärts, ohne zu antworten. Unsererseits wurden nun Feuer kommandiert und wir schossen in den Haufen. Trotzdem mussten wir der Übermacht weichen.

Als wir nun bis auf den Marktplatz zurückgedrängt worden waren, fanden wir Unterstützung. Und nun fingen sie auch an zu schießen. Die Husaren sprengten auf uns los und erteiltem manchem von den Unseren eine derbe Ohrfeige mit ihrem Säbel. Beinahe hätte ich auch eine davongetragen, allein es ging, wie beim Kegeln, um ein Haar vorbei. Aber auch einer von ihnen sank vom Pferde, tödlich verwundet oder gar tot.

Viele von den Unseren waren nicht erschienen und hatten sich verkrochen. Auch unser Regimentskommandeur Durex war in den Federn stecken geblieben, weil er nicht allein schlief. Fahne und Kasse waren in seinem Zimmer und vor der Türe des Hauses stand ein Doppelposten.

Wir waren gegen den Feind viel zu schwach. So wurden wir trotz unseres tapferen Widerstandes zurückgedrängt. Mit mehreren Voltigeurs kam ich am Ende in eine Straße, die unten keinen Ausgang hatte, in eine Sackgasse. Was war hier zu tun?

Kurz besonnen kommandierte ich: „*Voltigeurs, demi tour à la bayonette!*"[38]

Wir gingen nun mit gefälltem Bajonett auf unsere Verfolger los und sie zogen sich zurück. Als wir so quer über die Straße eilten, bogen meine Begleiter rechts und links ein, ohne dass ich es bemerkte. Plötzlich kehrte der Feind um und kam auf mich zu und nun erst gewahrte ich, dass ich allein war! Ich wollte Reißaus nehmen, allein wegen meines kranken Fußes konnte ich nicht laufen. Daher griff mich einer unter ihnen von hinten beim Taschenriemen mit den Worten: „Halt, Du bist mein Gefangener!"

„Es tut mir Leid genug", war meine Antwort.

Sie nahmen mir Säbel, Tasche und Gewehr und transportierten mich auf den Marktplatz, wo ich mehrere antraf, die mit mir das gleiche Schicksal teilten. Dem einen von denen, die uns bewachten, gefiel meine seidene Halsbinde, dem anderen mein Geldbeutelchen, kurz: wir wurden rein ausgeplündert. Was wäre es nun gewesen, wenn ich mir in Koblenz mehr aus dem Pulte genommen hätte! Da standen wir nun wie der Heiland unter den Gerichtsdie-

[38] „*Voltigeurs, demi tour à la bayonette!*" - (fran.) „Voltigeure, macht kehrt, fällt das Bajonett!"

nern und Kriegsknechten und warteten der Dinge, die da kommen sollten. Jetzt war eingetroffen, wovor mir immer graute: ich war gefangen.

Als wir so auf dem Marktplatze standen, gegenüber dem Hause, in dem unser Regimentskommandeur sich versteckt hielt, stürmten sie mit einem Male auf dasselbe los und sprengten die Haustüre. Die zwei Mann, welche im Hausflure Posten standen, wehrten sich so lange, bis sie in ihrem Blute lagen. Nicht lange dauerte es, so kam einer zur Tür heraus und hatte den Regimentskommandeur am Kragen. Ein anderer trug unsere Fahne. Zwei andere schleppten einen mit Leder überzogenen Kasten, also die Kasse.

Und wir standen da als müßige Zuschauer. Wie mir da das Blut in den Adern kochte, das kann ich nicht beschreiben. Mehr noch war ich entrüstet über den schlechten Kerl von Regimentskommandeur als über die Preußen, denn diese taten ihrerseits nichts als ihre Schuldigkeit. An ihrer Stelle würde ich dasselbe getan haben. Den Regimentskommandeur hätte ich mit dem Bajonett durchbohren können und nicht anderes hatte er verdient. Wäre er beim Generalmarsch aufgestanden und wäre die Fahne zum Bataillon gekommen, so würde sie nicht in die Hände der Feinde gekommen sein[39].

Wir wurden nun zwei Mann hoch aufgestellt, machten rechts um, und so ging es zum Tore hinaus dem Rheine zu. Am Ufer angekommen, setzten wir über nach dem Dorfe oder Flecken Hamm. Unterwegs näherte ich mich dem zugführenden Unteroffizier und suchte ein Gespräch mit ihm anzuknüpfen, um sein Zutrauen zu gewinnen, wozu er anfangs wenig Lust zeigte.

Drüben in Hamm angekommen, blieb ich etwas zurück und sann hin und her oder druckte Kalender, wie man zu sagen pflegt. „Raffe Dich nach!", schrieen sie zurück.

„Das werde ich wohl tun, nur muss ich noch ein Bedürfnis befriedigen", war meine Antwort.

Ich stellte mich auch wirklich gegen eine Mauer und ging dann dem Zuge so langsam nach. Auf einmal erblickte ich eine Straße, welche links abging. Kurz besonnen, bog ich in dieselbe ein, rannte ein Hoftor ein und kam ganz außer Atem in einen großen, aber leeren Stall. Ich kauerte mich da in eine Ecke. Es mag wohl morgens 08.00 Uhr gewesen sein. Dabei war eine Kälte von wenigstens 12 Grad. Es war am 02.Dezember 1813.

Um die Mittagszeit kam der Herr des Hauses in den Stall und wir beide erschraken, besonders aber er, als er meiner ansichtig wurde. Er ergriff das

[39] Der Adler des Regiments hing dabei noch bis 1945 in der Potsdamer Garnisonskirche als Zeichen des Sieges über die Truppen Kaiser Napoleons

Wort zuerst und sagte: „Wie ich sehe, sind Sie ein Gefangener, aber entwischt. Sie sind ein Deutscher?"

Ich antwortete mit „Ja!".

„Aber mein Freund", fuhr er fort, „ich kann und darf Sie in meinen Gebäulichkeiten nicht dulden. Käme es heraus, so wäre Haus und Gut verloren."

„Das will ich recht gern glauben", erwiderte ich, „Sie wissen doch auch, mein lieber Mann, dass ich in diesem Zustande und mit diesem Anzug nicht auf die Straße kann."

Er hieß mich die im Stalle befindliche Treppe hinauf und auf den Boden steigen, wo viel Stroh lag und ging unterdessen weg, um seine Frau zu rufen. Das war nun Wasser auf meine Mühle, denn mit den Weibern ist in dieser Hinsicht besser fertig zu werden als mit den Männern.

Der Mann kam nun mit der Frau zurück. Als mich die Frau erblickte, bemerkte ich Tränen in ihren Augen, und sie sprach: „Vor allen Dingen will ich dem Menschen einen Teller Fleischbrühe holen, er ist ja ganz erfroren."

Es war mir wirklich auch so kalt, dass mir die Zähne klapperten. Die Suppe bekam mir recht gut. Ich wurde, als ich sie gegessen hatte, wie neu geboren. Nun wurde Rat gehalten, was weiter zu tun sei. Zuerst wurde über einen neuen Anzug beraten. Die Frau entfernte sich abermals, kam aber bald zurück und brachte einen alten blauen Kittel, einen alten Hut, an welchem der Boden zum Teil mit Wollgarn angeflickt war, ein Paar kurze Leipziger Beinkleider, die mir bis an die Waden gingen, an den Knien ohne Knöpfe und Schnallen, endlich auch ein Paar Strümpfe. Das war gewiss ein sehr drolliger Anzug. Aber jetzt war noch eins zu befriedigen, und dies war der militärische Bart. Es wurde daher die zweite Beratung angestellt, wie der wegzubringen sei.

Der Mann sagte: „Ich barbiere mich nicht selbst, habe also auch nicht das dazu erforderliche Gerät. Einen Barbier aber kommen zu lassen, ist nicht ratsam, weil diese Leute durchschnittlich Schwätzer sind und eine Sache nicht länger verschweigen können, als bis sie zu jemandem kommen."

Darauf erwiderte die Frau: „Ich bin im Besitze eines Rasiermessers, mit dem ich mir von Zeit zu Zeit die Hühneraugen scheide."

Sie ging abermals weg - oh, das gute Weib! - und kam alsbald zurück mit Messer, Schere, Seife und heißem Wasser, auch einem Spiegel. Zuerst nahm ich nun die Schere und stutzte ab, soviel ich konnte. Dann seifte ich mich ein und fing an, mit dem Messer zu kratzen. Aber hilf, oh Himmel, wie ging das! Die Tränen rollten mir fingerdick die Backen herab. Es war gar nicht zum Aushalten, und doch musste es sein. Was ich da ausgestanden habe, davon kann man sich keinen Begriff machen, es sei denn, man mache selbst den Versuch. Doch kam mir auf einmal das Lachen, denn es fiel mir die Anekdote von der Katze in der Küche ein, und da ich sie meinen guten Leuten erzählte, mussten sie auch herzlich lachen.

... Es war ein Bauersmann, der ging zu einem Bader, um seinen Bart abscheren zu lassen. Der Mann nahm auch ein stumpfes Messer. Überdem fing die Katze in der Küche laut an zu schreien. Der Bauer fragte, was wohl der Katze sei.

„Sie hat am Braten gefressen", war die Antwort.

„So", sagte der Bauer, „ich dachte sie würde auch balbiert."[40]

Nun wieder zur Sache! Ich kratzte und kratzte, bis Schnurr- und Backenbart ab war, so übel es mir auch ging. Mein gutes Weibchen lud mich nun ein, mit in die Stube zu gehen, um noch etwas Speise zu mir zu nehmen. Wie es mir aber in dieser Stube, die gepfropft voll Soldaten saß, zumute war, das kann man sich wohl denken. Wie konnte ich da essen! Ich brach also auf, um mich zu entfernen.

„Ja nun", sagte die Frau, „wenn Sie denn wirklich fort wollen, so gehen Sie in Gottes Namen! Grüßen Sie auch unsere Verwandten und sagen Sie zu ihnen, die Verbündeten hätten diese Nacht den Rhein überschritten."

Dies war freilich nur zum Schein wegen der preußischen Soldaten gesprochen. Ich sagte: „Adieu!" und ging. Die Frau kam mir noch nach und brachte mir ein Paar Handschuhe. Nun stand ich auf der Straße. Wohin ich wollte und wohin ich sollte, das wusste ich nicht. Ich ging nun weiter und weiter. Endlich stand ich am Ufer des Rheins und sah, dass mit einem Nachen übergefahren wurde. Wie aber sollte ich wieder an das linke Ufer kommen? Das war es, was jetzt meine Gedanken beschäftigte.

Ich ging nach dem Landungsplatze, wo der Nachen eben anfuhr. Da ich aber einen preußischen Unteroffizier in dem Nachen wahrnahm, so stutzte ich; doch fasste ich Mut und ging hin. Ich mengte mich unter die, die da standen, um mit nach Neuss zu fahren. Es wurde nämlich den ganzen Tag über und über gefahren, indem die von drüben herüberkamen, um Brot zu kaufen, und die von dieser Seite fuhren hinüber, um Salz, Kaffee und Zucker zu erstehen. Als die Leute einstiegen, fragte ich den Unteroffizier, ob ich auch noch mitfahren könnte.

„Oh ja", sagte er, „wenn Du einen guten Groschen zahlst."

Leider hatte ich keinen Pfennig in der Tasche. Nun raffte ich alle meine Beredsamkeit zusammen und sagte unter anderem: „Ach, mein lieber Herr Unteroffizier! Ich bin ein blutarmer Mann von der linken Rheinseite, der seine Familie kümmerlich vom Tagelohn ernährt. Ich war diesseits, um Verwandte zu besuchen. Unterdessen wurde der Rhein gesperrt und mit Schre-

[40] balbiert - (veraltet) rasiert

cken denke ich daran, wie es während meiner Abwesenheit meiner Frau und den armen Kinderchen wird ergangen sein. Haben Sie doch die Güte, mein lieber Herr Unteroffizier, nehmen Sie mich doch um Gottes Willen mit. Ach, ich bitte Sie!"

„So geh schon herein!", sagte er mit barscher Stimmen Ton.

Nicht zweimal ließ ich es mir sagen und schritt herzhaft hinein. Diesseits angekommen, ging der ganze Trupp über die Wiese hinüber nach dem Städtchen Neuss zu. Ich musste also, um keinen Verdacht zu erregen, mit den übrigen gehen. Aber ich tat es mit klopfendem Herzen. Wir gingen nach dem Marktplatze zu, wo ich bemerkte, dass die preußischen Soldaten noch immer beschäftigt waren, aus den Häusern und Scheunen unsere Ausreißer hervorzuziehen. Da ich mich immer, um meines drolligen Anzugs wegen nicht Verdacht zu erregen, unter dem großen Haufen hielt, lief ich auch mit in eine Scheune, wo die Soldaten auf dem Heuschober beschäftigt waren.

Endlich rief einer: „Ich habe den Sporn", und sie zogen einen hohen Kavallerieoffizier hervor, der ausgelacht und ausgepfiffen wurde und sich nicht wenig schämte. Nun suchte ich nach dem Kölnischen Tore zu kommen, fand es aber zugemacht und mit einem Doppelposten besetzt.

Auf meine Frage: „Kann man hier nicht heraus?", war die Antwort: „Kein Teufel kommt hier heraus."

Kurz besonnen machte ich kehrt und suchte den Marktplatz wiederzugewinnen, um mich wieder unter die Menge der Neugierigen, die aus der Umgegend herbeigekommen waren, um die Preußen zu sehen, zu mischen. Ich kam nun zu einem Trupp Landleute, die bei einer Frau von jenseits Tabak kauften, weil er bedeutend wohlfeiler als diesseits war.

Einer unter ihnen sagte: „Nun, ihr Männer, wir müssen uns fortmachen, denn es will Abend werden."

Auf meine Frage: „Wohin gehen Sie", hieß es: „Auf den Guckhof."

Obschon ich nicht wusste, wo dieser war, so sagte ich doch: „Ei, so bekomme ich ja Gesellschaft, denn auch mein Weg führt dorthin zu."

„Ja", sagte einer der Anwesenden, indem er mich scharf anblickte, „das ist Ihr Weg, ich sehe es Ihnen an, wer und was Sie sind."

Das ich dabei bis auf den Tod erschrak und mich schon ausgeliefert glaubte, ist kein Wunder.

Aber der Mann sagte: „Erschrecken Sie nicht! Wir werden Sie nicht verraten. Kommen Sie nur getrost mit uns!"

Wer war froher als ich? Wir gingen nun zum Rheintor hinaus. Alle anderen Ausgänge waren nämlich versperrt. Dann drehten wir uns rechts um die Stadt, nach der Straße, die nach Köln führt, hin, überschritten diesselbe und schlugen einen Feldweg ein. Hier kamen wir auch an einem Husaren vorbei, der da als Vorposten hielt und eine Jacke, wie sie die Bauern tragen, zu verkaufen hatte. Meine Reisegefährten gaben sich mit ihm in den Handel, wurden aber nicht einig. Wie auf heißen Kohlen stand ich dabei. Als wir uns nun wieder in Marsch setzten und den Husaren hinter uns hatten, atmete ich wieder frisch auf, und es fiel mit zentnerschwer vom Leibe.

Bis dahin war ich meinen Gefährten schweigend gefolgt. Jetzt aber setzte ich mein Mundwerk in Bewegung, so dass die Leute sich sehr darüber wunderten. Wir erreichten endlich den Gutshof. Es war schon Nacht geworden. Wie weit er von Neuss entfernt ist, kann ich nicht angeben. Einer von den Männern, und zwar der, den ich auf dem Wege schon für den Bravsten hielt, lud mich ein, mit ihm in sein Haus zu gehen. Er war ein reicher Hummen. Ich erhielt ein recht gutes Abendessen und ein Glas Bier dazu. Nach dem Nachtessen gab mir der Hummen - so nennt man dort die reichen Hofleute - eine Pfeife und wir probten den gekauften überrheinischen Tabak. Er war nicht schlecht. Indem ich nun meine Pfeife rauchte, wollte ich mich mit den Spinnerinnen unterhalten; allein sie bezeugten keine Lust, sich mit mir einzulassen, weil sie mich wahrscheinlich für einen mit Ungeziefer übersäten Vagabunden hielten. Ich gab ihnen zu verstehen, dass man den Mann nicht nach dem Rock oder Kittel beurteilen sollte, besonders einen aus der Gefangenschaft entschlüpften. Trotz alledem sahen sie mich über die Schulter an und ich schwieg, ärgerte mich aber nicht wenig.

Als es nun Zeit zum Schlafengehen war, führte mich der Herr selbst in die Scheune und gab mir ein paar alte Säcke zur Decke. Ich kroch in einen derselben hinein und sodann in das Stroh und schlief trotz der starken Kälte bald ein.

Ich erwachte erst, als die Knechte anfingen zu dreschen, und da es mir eben nicht warm war, raffte ich mich zusammen, ergriff einen Flegel und half dreschen, was ich von Jugend auf gelernt hatte. Ich verdiente mir dadurch das Frühstück und ein Paar Gamaschen, welche mir bei der gestrengen Kälte sehr gelegen kamen.

Nachdem ich gefrühstückt hatte, schlug ich den Weg nach Köln ein. Dort angekommen, meldete ich mich bei dem Stadtkommandanten und trug ihm mein Schicksal vor mit dem Wunsche, mir doch gefälligst eine Marschroute nach dem Depot unseres Regiments ausfertigen zu lassen, damit ich wieder uniformiert und armiert werden könnte. Der Kommandant lobte meine Treue, ließ mir eine Marschroute nach Lüttich ausfertigen, wo unser Regiment oder Depot stand und schenkte mir noch dazu eine Ordonnanzweste, unter meinem Kittel anzuziehen, die mir auch sehr gut tat. Auch erhielt ich mein Marschgeld in Köln.

Auf dem Neumarkte in Köln traf ich einen Kriegskameraden, der aus dem Spital kam und seine Marschroute nach Maastricht hatte. Wir hatten also beide bis Aachen denselben Weg zu machen. Dort sollte er auch seiner Aussage nach sein Marschgeld empfangen. Als er vernahm, dass ich das meinige schon in der Tasche hatte, machte er den Vorschlag, dass ich ihm bis Aachen vorstrecken möchte; er würde mir alles getreulich und mit Dank zurückgeben. Ich hielt ihn für einen ehrlichen Mann und ging darauf ein. Ich hatte aber weit neben das Ziel geschossen.

In Aachen angekommen, gingen wir in ein Bierhaus und ließen uns eine Flasche reichen. Als wir nun einmal getrunken hatten, entfernte er sich unter dem Vorwande, er wollte sein Geld holen und wieder zurückkommen. Er machte es aber wie Till Eulenspiegel, als er auf dem Markte einer Frau mehrere Hühner mit einem Hahn abkaufte und die Hühner sogleich mitnahm, den Hahn aber in Versatz, das heißt zum Unterpfande, ließ, bis er das Geld brächte. Dieses aber, das Geld, sowie mein Reisegefährte, beide haben bis auf diese Stunde noch wiederzukommen.

Nach langem, vergeblichen Warten ging ich endlich, nachdem ich mit meinem letzten Gelde das Bier bezahlt, mir ein Billett zu nehmen und kam zu zwei alten, unverheirateten Geschwistern ins Quartier. Beide hinkten, der Bruder nach der rechten und die Schwester nach der linken Seite. Dabei waren sie sehr arm, aber durchaus brav. Sie hatten, als ich ihnen mein Schicksal erzählte, großes Mitleid mit mir und bewirteten mich so gut, als es ihnen ihre Armut zuließ, kurz, ich war vollkommen mit dem Quartier zufrieden. Als ich abging, steckten sie mir noch ein zusammengelegtes Butterbrot in meinen Hut, das mir auf dem Marsche recht zustatten kam, besonders, da mein Geldsack leer war.

Zwei Stunden hinter Aachen kam ich an das so genannte Welschland oder zu den Wallonen. Die Wallonen sind, soviel ich bemerkte, durchgängig kurze, stämmige Menschen, aufbrausend, hitzig. Ihre Statur und Natur ist ganz zum Soldaten geeignet, das heißt der Soldat steckt bei ihnen im Holze, wie man sagt. Das berühmte österreichische Dragoner-Regiment *Latour* bestand aus Wallonen, und die in den neunziger Jahren bei der französischen Nord-Armee so sehr gefürchteten Raupenkappen, wie man sie wegen ihrer Kopfbedeckung nannte, waren ebenfalls Wallonen. Ihre Sprache ist altfranzösisches Patois und stammt, wie sie sagen, von den Galliern ab. Sie verstehen auch das reine Französische. Übrigens, wenn sie zusammen sprechen, versteht sie auch der geborene Franzose nicht.

Die Häuser liegen zerstreut umher, weil ein jeder Hummen, Halfer oder Gutsbesitzer seine Güter zusammenhängend und mitten darin seine Gebäudlichkeiten stehen hat. Von der Straße aus sieht man nichts als Himmel und Häuser.

In dem Städtchen Herve erhielt ich mein Quartier bei einer alten Obsthändlerin, die mit einer Tochter ganz allein hauste. Als ich ihr mein Billett überreichte, betrachtete sie mich vom Kopfe bis zu den Füßen und wies mir einen dreistempeligen Stuhl zum Sitze an mit dem ausdrücklichen Befehle, mich ja nicht anderswo hinzusetzen, wahrscheinlich, weil sie mich meines Anzugs wegen für mit Ungeziefer behaftet hielt, was aber nicht der Fall war. Sie schimpfte fürchterlich auf die Franzosen und lebte in der Hoffnung, sie würden jetzt zum Teufel gejagt mitsamt ihrem Kaiser, dem Spitzbuben. Sie aber, die Wallonen, würden alsdann wieder zu ihrem früheren Herrn, dem österreichischen Kaiser, kommen. So sind nun einmal die Menschen: sie loben die Vergangenheit, verachten die Gegenwart und wünschen die Zukunft herbei, weil sie von derselben viel Gutes erwarten.

So ging es auch den Wallonen oder Welschen und besonders dieser alten Frau. Haben sie doch früher, in den achtziger Jahren, als sie zu Österreich gehörten, rebelliert, so dass die Kurpfälzer Dragoner herkommandiert wurden, um die Ordnung wiederherzustellen. Jeder Dragoner musste beim Mittagessen einen Sechsbätzer - 6 Silbergroschen 8 Pfennig - unter seinem Teller liegen haben, die der Quartierträger als Strafe zahlen musste.

Zum Essen bekam ich nichts bei der Xanthippe, so sehr ich sie auch darum bat. Auch nicht einmal ein paar abgesottene Kartoffeln, die sie aß, gab sie mir. Ich musste mich also mit leerem Magen auf das Stroh legen und so auch am anderen Morgen abziehen.

Unterwegs sprach ich an einem Hause um ein Stück Brot an, das ich auch erhielt. So kam ich doch endlich, hungrig, mit einem großen Barte und zerlumpten Kleidern in Lüttich an. Als mich meine alten Bekannten, die auf dem Depot waren, erblickten, ging es ihnen so durchs Herz, so dass sie Tränen in die Augen bekamen. Sie führten mich in eine der auf dem Marktplatz befindlichen Budiken, ließen einen Barbier kommen und bestellten Bratwürste und eine Flasche Muskatwein, wie sie ihn nannten. Der Sergeant drückte mir sogar einen französischen Krontaler in die Hand, wofür ich ihm herzlich dankte. Nachdem ich nun gegessen und den Wein getrunken hatte und auch barbiert war, begleiteten sie mich auf die Zitadelle zum Kapitän Magalon, der *Capitaine d'habillement*[41] war. Derselbe ging sogleich mit mir auf die Kammer, wo ich eingekleidet wurde. Ich erhielt auch Gewehr, Tasche und Tornister, Hemden und Gamaschen. Von meinem Krontaler kaufte ich mir die

[41] *Capitaine d'habillement* - (fran.) Bekleidungsoffizier

goldenen Armschnüre und ließ sie auch sogleich aufnähen. Ich war also wieder ein ganz anderer Mann, nämlich ein Sergeant-Major.

Auf dem Depot musste ich nun beim Ausbilden der Rekruten mit tätig sein. Ich hatte mir dabei bald einen heiseren Hals geschrien. Ganz natürlich wurde ich dieser Arbeit recht bald müde und überdrüssig. Ich ging daher zum Platzkommandanten und bat ihn, mich doch wieder an dem Rhein zum Kriegs-Bataillon abgehen zu lassen. Er meinte, es sei doch besser auf dem Depot als vor dem Feinde, wenigstens sei hier keine Lebensgefahr, doch solle mir meine Bitte gewährt werden. In etlichen Tagen ginge ein Transport Rekruten zum Kriegs-Bataillon ab, mit denen ich als Sergeant-Major mitgehen könnte. Und so geschah es auch.

In den letzten Tagen des Monats Dezember kamen wir in Zons, einem kleinen Städtchen zwischen Köln und Neuss, an, allwo unser Bataillon bei den Bürgern einquartiert lag. Es war sehr kalt, so dass in der Silvesternacht ein Leutnant erfror. Er sollte nämlich die Vorposten am Rhein revidieren. Weil er aber ein wenig zu tief ins Glas gesehen hatte, so glitt er aus und wurde des Morgens tot, erfroren auf dem Randeise hängend, gefunden. Er ist auf dem Friedhof mit sämtlichen militärischen Ehren begraben worden.

Es wurde auch, während wir da waren, im Gasthaus *Zum Hirschen* mehrere Male Tanzmusik gehalten. So geschah es auch am 13. Januar 1814. Wir, Offiziere und Unteroffiziere, kehrten erst um 12.00 Uhr des Nachts in unsere Quartiere zurück. Kaum hatten wir uns niedergelegt, so gingen die Tamboure von der Wache durch die Straßen und schlugen ganz leise mit einem Klöppel auf die Trommel. Dies war ein Generalmarsch, der eine große Gefahr anzeigte und kein Säumen zuließ. Obgleich die Köpfe nicht ganz hell waren, so war doch in einer Viertelstunde alles versammelt. Die Posten am Rheine wurden eingezogen und wir machten uns in aller Stille aus dem Staube, denn - die Russen hatten bei Düsseldorf den Rhein passiert. Hier kann ich nicht unerwähnt lassen, dass es unter dem weiblichen Geschlechte bei unserem Abmarsche manches tränende Auge gab. Ich erinnere mich nicht, dass dies irgendwo anders geschehen ist.

Mit zwei *Adjutants-sous-officiers*[42] lag ich bei einem Schneider im Quartier, der an der Nervenkrankheit schwer erkrankt war. Seine Frau war mächtig in einen der Adjutanten verliebt und wollte alles verlassen und uns nachfolgen, was ihr aber ganz natürlich nicht erlaubt werden konnte. Das war doch gewiss das schlechteste Weib von den schlechten. Das Jammern von diesem Weibe war ohnegleichen.

---

42 *Adjutant-sous-officier* - Unteroffiziersdienstgrad im Feldwebelrang mit den Privilegien eines Offiziers.

Wir schlugen nun unseren Marsch über Langwaden, ein Gut, das dem Marschall Maison zugehörig war, nach Jülich hin ein. Es war so kalt, dass mehreren Soldaten die Ohrläppchen erfroren. Die Ohren zuzubinden, das erlaubte der Kommandant nicht, weil es, wie er sagte, Sache der alten Weiber und nicht der Soldaten wäre.

In der Gegend von Jülich ereignete sich folgendes Späßchen: Wir lagen des Nachts im Biwak. Um Mitternacht fielen mehrere Schüsse auf der Vorpostenlinie, ich möchte sagen, auf der Rückzugslinie, denn wir waren ja in der Retirade. Darauf musste alles unter das Gewehr. Es war eine sehr finstere Nacht und die Vorposten hatten etwas im Dunkeln bemerkt, dass sich zu bewegen schien und hielten es für eine feindliche Patrouille. Als sie auf ihr Anrufen keine Antwort erhielten, gaben sie, wie es sich von selbst versteht, Feuer.

Die Sache wurde durch eine ausgeschickte Patrouille untersucht und siehe da, ein Langohr oder Esel hatte sich das Vergnügen erlaubt, eine Promenade längs der Postenlinie herauf zu machen und hatte so die ganze Division unter die Waffen gerufen, ohne auch nur die geringste Verwundung davon zu tragen. Das gab nun ein Gelächter und ein Geschrei ohnegleichen, als die abgeschickte Patrouille mit dem Esel kam.

Wir hatten noch einen überzähligen Bataillonskommandeur bei uns, der zwei schöne Pferde und einen Bedienten mit Namen Palm, gebürtig aus Briedel an der Mosel, hatte. Dieser kam eine Abends zu mir und sagte: „Sergeant-Major, als guter Freund will ich Ihnen etwas entdecken, doch unter der Voraussetzung, dass Sie mich nicht verraten."

Er rückte nun damit heraus, dass er gesonnen sei, den selbigen Abend den Weg nach der Heimat einzuschlagen. Wenn ich nun mit wollte, so sollte ich mich fertig machen, er wollte mir zur Reise ein Pferd satteln.

„Nein, mein lieber Palm", erwiderte ich, „ich werde nicht ohne Abschied nach Hause gehen."

Am anderen Morgen war er denn wirklich auch mit dem besten Pferde seines Herrn auf und davon.

Wir kamen nun nach Jülich, wo unser Bataillon, das heißt Musketiere und Grenadiere, als Besatzung blieben. Wir aber, die Voltigeure, marschierten weiter.

In Aachen lagen wir des Nachts in einer Kirche. Wir erhielten, zwei und zwei Mann, einen Teppich zur Decke, aber zum Abendessen nichts als Kommissbrot.

Zwei Stunden hinter Aachen, mit dem Städtchen Lachaussée, fängt das schon früher beschriebene Welschland an. Da wurde die Kompanie in die zerstreut umherliegenden Bauernhöfe einquartiert.

Der Fourrier und ich erhielten unser Quartier an der Straße bei einem reichen Bauern und dieser Fleck wurde für den anderen Morgen zum Sammelplatz bestimmt. Manche mochten wohl eine halbe Stunde bis zu ihrem Quartier gehabt haben. Wir beide aßen des Abends mit der ganzen Haushaltung am Tische. Während des Essens benahm der Herr des Hauses sich ungebührlich, dass die Fensterscheiben zitterten, und sprach dabei: „*Pah, c'est pour Napoléon.*"[43]

Dies geschah dreimal. Das zweite Mal geschah es für die Kaiserin Marie Louise und das dritte Mal *pour toute la France*[44]. Wir ärgerten uns zum Zerplatzen. Allein, was wollten wir machen? Um den Tisch herum saßen drei oder vier Knechte, - Kerls wie die Löwen.

Als wir nach dem Essen nach unserer Schlafstätte fragten, erhielten wir zur Antwort: in der Scheune könnten wir uns ein Lager aussuchen, wie und wo es uns gefiele. Wir nahmen unsere Tornister und Waffen mit und verkrochen uns im Heu.

Als am anderen Morgen die Kompanie vor dem Haus versammelt war, erzählte ich dem Kapitän das schändliche Betragen dieses Mannes und bat um Erlaubnis, ihm mit einem Dutzend Voltigeurs auf den Leib zu rücken, was mir natürlich erlaubt wurde. Ich wählte mir also zwölf Voltigeure aus und ging mit ihnen in die Stube. Indem ich ihn hier an sein schändliches Betragen bei dem Abendessen erinnerte, befahl ich ihm zugleich, jedem Voltigeur sein Fläschchen mit gutem Schnaps zu füllen.

Da er Einwendungen dagegen machte, zogen meine Leute vom Leder oder blank und strichen ihm über den Rücken. Bei jedem Schlag hieß es: „*C'est pour Napoléon; c'est pour Marie Louise; et c' est pour toute la France.*"

Nachdem er nun tüchtig durchgeprügelt worden war, ließ er sich einen Krug mit Schnaps bringen und füllte mit zitternden Händen selbst die Flaschen. Sein Rücken kann nicht anders als blau und schwarz oder wohl gar blutrünstig gewesen sein. Die Frau, welche herzukam und abwehren wollte, trug auch noch ein paar Hiebe von dannen. Die Knechte ließen sich nicht sehen. Obgleich ich in meinem Leben ein weiches und mitleidiges Gemüt hatte und noch habe, so konnte ich doch ungerührt zusehen, wie dieser Halunke durchgebläut worden ist.

---

[43] „*Pah, c'est pour Napoléon.*" - (fran.) „Das ist für Napoleon"

[44] *pour toute la France* - (fran.) für ganz Frankreich

Bei dem Städtchen Herve kampierten wir des Nachts unter freiem Himmel. Da zog ich dem altem Weibe, das mich jüngst so schlecht behandelt hatte, ebenso mit sechs Mann in die Hütte. Sie erkannte mich noch und hieß mich willkommen, redete mich sogar mit „Herr" an. Ich aber sagte ihr, dass ich noch der nämliche sei, der in dem alten Kittel und unter dem alten Hute gesteckt habe, und dem sie die Kartoffeln verweigert hätte. Dafür sollte sie nun diesen sechs Mann ihre Flaschen mit Schnaps füllen. Weil sie sich weigerte, erhielt auch sie ihre Anzahl Prügel, zwar nicht in solchem Maße wie der Spitzbube vorher.

Als wir nach Lüttich kamen, war unser Depot schon nach Maastricht in die Festung übergesiedelt, und die überzähligen Offiziere, Unteroffiziere und die beiden *Adjutant-sous-officiers* reisten von Lüttich auch direkt nach Paris.

Unsere Kompanie wurde nach der Stadt Verviers kommandiert, um daselbst und in der Umgebung die direkten Steuern noch geschwind einzutreiben. Wir wurden verteilt, zwei und zwei Mann, in einem Ort. Wir sollten täglich pro Mann zwei Franken Exekutionsgeld beziehen. Aber prosit die Mahlzeit, unsere Wallonen waren pfiffig genug, nach Adam Rieses Rechenbuch herauszufinden, dass wir nicht lange mehr Frist in ihrem Lande hätten und zahlten also - nichts!

Ja, wenn wir mit dem Leben davonkommen wollten, so war nicht lange Bedenkzeit übrig, sich nach dem Versammlungsort Verviers zurückzuziehen. Kaum war man in einem Orte angekommen und hatte seinen Auftrag dem Vorstande kundgetan, so bimmelte auch schon das Gemeindeglöckchen und die Einwohner kamen mit Gabeln, Kärsten[45] und sonstigen Mordinstrumenten herbeigeeilt. Wollte man nun mit heiler Haut davonkommen, so war das einzige Mittel, kehrt zu machen und dabei noch um gutes Wetter anzuhalten. Es dauerte nicht lange, so war die ganze Kompanie wieder in Verviers versammelt und marschierten trockenen Maules nach Lüttich zurück.

Mehreren Kompanien, die in ebendem Auftrag ausgesandt waren, nach anderen Richtungen hin, ging es nicht besser.

Wir marschierten nun die Maas hinauf über Huy nach Namur, einem Städtchen an der Mündung der Sambre in die Maas, wo die bekannten Namurmesser fabriziert werden.

Bei diesem Städtchen und in der Umgebung versammelte sich ein Korps von 15.000 Mann Infanterie und 4.000 Reitern, wozu noch etliche Gendarmeriebrigaden, die aus Holland kamen, stießen. MacDonald kommandierte die Infanterie, auch wohl das Ganze, und Sebastini die Kavallerie.

---

[45] Karst, Kärsten - eine zweizinkige Erdhacke für die Feld- oder Gartenarbeit

In Namur wurde den Soldaten eine kaiserliche Tabakfabrik zum Ausleeren preisgegeben. Einem Betteljungen gab ich ein Hemd aus dem Tornister, um desto mehr Tabak aufpacken zu können. Es war zu verwundern, dass es in solchem Gedränge kein Unglück gab.

Wir schwappten nun mehrere Tage da umher, bald links, bald rechts, auch die Sambre hinauf bis oberhalb Charleroi. In dieser Gegend gibt es so viele Bettler, dass immerwährend 10 bis 15, auch wohl 20 die Kompanie umschwärmten und bei den Soldaten, die doch selbst nichts hatten, bettelten. Warf man einen Sous unter sie, so fielen sie alle darüber her und rauften sich darum.

Die Steinkohlenlager liegen in dieser Gegend ganz nahe am Tage. Daher gräbt jede Familie ihren Kohlenbedarf in ihrer Hofgerechtigkeit. Mit Kindern sind sie in dieser Gegend besonders reich gesegnet, denn fast an jeder Türe sah man einen Dutzend stehen. An einem Hause, vor dem fast eine ganze Schwadron stand, fragte ich die Frau, wie oft sie in einem Jahre niederkäme. Da bekam ich „das Bier ausgerufen." Das Beste dabei war, dass man wegen ihres Eifers nicht alles verstand. Die Kinder, welche größtenteils in Kitteln von roher Leinwand gekleidet umherliefen und den ganzen Tag über in dem Kohlenstaub umherrutschten, sahen aus wie die Kaminfeger oder Kohlenbrenner.

Wir marschierten nun von Charleroi die Sambre hinab nach Namur, woselbst wir auch noch aus anderen Kompanien Rest von verschiedenen Regimentern erhielten, so dass unsere Kompanie vollzählig wurde.

Endlich setzten wir uns in Marsch und nahmen den Weg über Dinant nach Givet, wo auf einem riesigen, nach der Stadt zu fast ganz senkrechten und ca. 200 Fuß hohen Felsen die Festung Charlemont thront.

Weil mein Gewehr, dass ich in Lüttich erhalten hatte, nicht schön war und auch die Kugel nicht gut schoss, so vertauschte ich dasselbe im Zeughause in Givet und war bei diesem Tausche recht glücklich, denn das eingetauschte schoss die Kugel gleich einer gezogenen Büchse.

Von Givet ging es über Fumay, von da rechts ab nach Rocroi, einer hochgelegenen Stadt und dann wieder links nach Charleville, einer Stadt an der Maas, Mézeres gegenüber. Da waren wir also nun in der Champagne, aber erst in dem nordöstlichen Teile, welcher nicht sonderlich fruchtbar ist. Ja, es finden sich noch große Strecken Heide darin. Die Felder sind mit schwarzen Feuersteinen übersät. Sie liegen da, auswendig mit einer weißen Kruste überzogen, so dass sie einer, der sie nicht kennt, für Knochen hält. Diese schwarzen Steine sind viel härter als die gelben und greifen daher den Stahl mehr an. Wegen seiner Unfruchtbarkeit und wegen der vielen Steine wird dieser Teil auch *la Champagne pierreuse*[46] genannt, auch wohl *la Champagne pouilleuse*[47]; aber letzteren Ausdruck wollen die Einwohner nicht leiden.

Wir waren nun in Charleville bei den Bürgern einquartiert und hatten einen Tag Ruhe daselbst. Diejenigen, welche den Feldzug jenseits des Rheins mitgemacht hatten, sollten jetzt den für drei Monate rückständigen Sold, sämtliche Mannschaften für den Monat Januar, erstere also für vier Monate, den Sold ausbezahlt erhalten.

Es waren aber viele Soldaten des Bataillons in dem Departement von Mézières zu Hause. Sie kamen daher auf etliche Tage um Urlaub ein, der ihnen aber natürlicherweise nicht gegeben werden konnte. Weil nun sämtliche Sergeant-Majors wussten, dass bei dem Nachmittagsappell die Mannschaften durch den Inspektor gezählt würden, so suchten wir sie bis nach dem Appell zu behalten und versprachen ihnen, bei demselben mit dem Kapitän darüber zu sprechen, was freilich nur eine Vorspiegelung war. Nach dem Appell machte jeder Sergeant-Major sein *feuille de prêt*, ließ es sofort den Kapitän unterzeichnen und fasste das Geld.

Der Kapitän musste für alles verantwortlich sein und da der meinige weder Schreiben noch Lesen konnte, so hatte er jedes Mal, wenn er unterschreiben sollte, große Angst, was allerdings unnötig war, denn nie würde es mir eingefallen sein, ihn hinters Licht zu führen oder ihm etwas Unrichtiges zum Unterzeichnen vorzulegen.

Nach dem Appell kamen alle die, welche um Urlaub eingekommen waren. Da sie aber den Bescheid erhielten, am folgenden Morgen marschierten wir ab, es wäre daher mit dem Urlaub nichts, nahmen die denselben unter die Sohlen und gingen.

Die übrigen wurden alle des Abends ausbezahlt. Am anderen Morgen beim Appell wurden die, die fort waren, gemeldet, ebenso am anderen Tage und so fort. Sie wurden als Deserteure eingetragen. Der Kommandant meinte, wir hätten die Löhnung von den Fehlenden noch in der Tasche, was wir aber verneinten, indem wir in Charleville gleich nach dem Appelle alle Mannschaften ausbezahlt hätten, folglich auch die Deserteure. Er fragte beim Bataillon, wann sie ihr Geld empfangen hätten und das Ganze antwortete: „Des Abends in Charleville."

Nun musste er es glauben, obschon er keine große Lust dazu hatte. Es konnte also kein Mensch dahinterkommen, war wir erbeutet hatten. Ich hatte für meinen Anteil an die 80 Franken.

---

46 *la Champagne pierreuse* - (fran.) die steinige Champagne

47 *la Champagne pouilleuse* - (fran.) die lausige Champagne

Man könnte hier zwar mit dem Apostel sagen, was 1.Korinther 5 Vers 6 steht: „Euer Ruhm ist nicht sein." Allein, es war einmal so, und weil es alle taten, glaubte ich es auch tun zu können, obgleich ich es nicht für Recht hielt.

Wir marschierten nun auf Chalons sur Marne zu. Zwischen dieser Stadt und Vitry bekamen wir unsere Verfolger auf französischem Boden zum ersten Male zu sehen. Wir kamen auch wirklich in ein Gefecht mit ihnen. So tapfer wir uns auch wehrten, so mussten wir doch der Übermacht weichen und uns nach Chalons zurückziehen. Wir büßten dabei mehrere Kanonen ein.

Während der Retirade dachte ich an den Hunnenkönig Attila, der, wie bekannt, im Jahre 451 auch daselbst geschlagen wurde. Die Stadt Chalons wurde von den Preußen an drei oder vier Stellen in Brand geschossen. Es war anfangs Februar.

Wir verließen die Stadt und zogen uns über die Marne zurück. Die Brücke wurde gesprengt, und unsere Kompanie war als Wache dazu kommandiert. Es war eine fürchterliche Explosion. Die Steinmassen stiegen hoch in die Luft und kamen mit einem solchen Getöse herab, dass wir alle die Köpfe zwischen die Schultern zogen. Tief schlugen sie in den Boden ein.

Jetzt ging es nach Chateau-Thierry, wo ebenfalls die über die Marne führende Brücke gesprengt wurde, und weil sich dieselbe in der Stadt befand, so fielen die in die Luft geschleuderten Steine auf die Dächer herab und manche durch mehrere Böden hindurch. Ob Einwohner dadurch beschädigt wurden, weiß ich nicht.

Jetzt marschierten wir die Marne hinab bis in die Gegend von Epernay, wo der vortreffliche Champagnerwein wächst.

Hier muss ich bemerken, dass es auf diesem Rückzug Tag und Nacht durch ging. Dabei war es sehr kalt und oft lag ein nicht unbedeutender Schnee, der bei jedem Tritte die wunderlichsten Töne von sich gab. Auch war von Einquartierungen keine Rede mehr, sondern immer wurde im freien Felde biwakiert, wenn auch die Kälte noch so stark und der Schnee noch so tief war.

Ob es nun schon gewöhnlich an Lebensmitteln fehlte und der Hunger größtenteils Hans Küchenmeister war, weil auch nicht das Geringste geliefert wurde, so war es der Wein, der uns erhielt und vor der Erstarrung schützte. Er regte die Lebensgeister an und erhielt sie in Tätigkeit.

Machten wir Halt, so schickte ich nach abgehaltenem Appell eine Anzahl Voltigeure nach Holz, eine andere nach Kartoffeln und noch eine andere nach Wein. Letztere kamen mit Eimern und Bütten, voll des köstlichen Weins, der entweder in den Ortschaften requiriert oder mir nichts dir nichts aus den Kellern genommen wurde, besonders wenn die Einwohner ihre Wohnungen verlassen hatten, was sehr oft der Fall war. Hier kann man auch sagen: Wenn man das tut am grünen Holz, was will alsdann am dürren werden, das heißt, wenn man das im Vaterlande tut, wie mag es alsdann in des Feindes Lande zugehen?

Hatten wir nun des Abends satt Wein getrunken, so legten wir uns im Kreise um das Feuer, krochen in den Sack, deckten den Mantel quer über uns und schliefen dann wie ein Dachs.

So geschah es öfters, dass wir morgens beim Erwachen einen halben Fuß hoch zugeschneit lagen oder der Mantel angefroren war, und doch waren wir im Schweiße.

Es war zum Erbarmen, wenn man sah, wie all die schönen Wingertspfähle auf die Feuer getragen und verbrannt wurde. Tischplatten, Türen und Möbelstücke wurden herbeigeschleppt und zum Schutze gegen die schneidende Ostluft aufgestellt. Ja, sogar Häuser wurden niedergerissen und die Balken auf die Feuer getragen.

Bei Nogent griffen wir die Russen und Preußen an. Nach einem hartnäckigen Gefechte trieben wir sie bis Chateau-Thierry zurück und machten dabei viele Gefangene, besonders Russen.

Den ganzen Tag über waren wir im Tirailleurfeuer in den Weinbergen. Dort befanden sich viele Keller, die mit einem Häuschen überbaut sind. Die Russen erbrachen diese Keller und weil sie keine Zapfhähne bei sich führten, schossen sie eine Kugel in das Fass und tranken den herauflließenden Wein. Wenn sie sich satt getrunken hatten, verstopften sie das Fass nicht und der Wein lief in den Keller.

Wir hatten das Zentrum des Feindes durchbrochen und ihm auch eine tüchtige Schlappe beigebracht. Napoleon selbst sah ich dabei an einem kleinen Häuschen bei Camp-Aubert absteigen und einkehren.

Bei Montmirail wurde der Kampf sehr hitzig. Wir hatten viele Tote, denn die Russen standen wie die Mauern. Endlich mussten sie weichen, und wir verfolgten sie bis Chateau-Thierry. Hier muss ich noch eines Vorfalls Erwähnung tun: Bei dem Tiraillieren sah ich nicht weit von mir entfernt ein Pferd an einem Kellerhäuschen angebunden und eine Lanze nebenbeistecken. Rasch ging ich darauf zu und fand unten im Keller einen Ulanen-Unteroffizier, und zwar einen Preußen, der sich den Wein recht gut schmecken ließ.

Als ich ihm ein „Prosit!" zurief, erschrak er dermaßen, dass er wie erstarrt dastand. Die Mündung meines Gewehres hinab haltend, befahl ich ihm, den Säbel abzuschnallen und herauszukommen, indem er mein Gefangener sei. Indessen kamen noch mehr Voltigeure herzu, und er schritt so langsam die Treppe herauf und ergab sich natürlich gutwillig als Gefangener.

Er war ein Landwehr-Ulanen-Unteroffizier, aus Breslau gebürtig, und hieß Schulze. Das Pferd, die Lanze und den Säbel lieferten wir an den Kommandanten ab. Er selbst hielt sich den Tag über bei mir auf. Des Abends erhielt unsere Kompanie Befehl, 600 Mann Gefangene, welche größtenteils verwundete Russen waren, nach Meaux en Brie zu transportieren.

Schulze trug mir den Tornister und sah mich als seinen Vater an. Es war grimmig kalt, und die armen Verwundeten waren zu bedauern. Des Nachts sperrten wir sie in Schafställe ein, weil der Mist in ihnen wärmte. Auch ließen wir ihnen Suppe kochen und roten Wein reichen, worüber sie herzlich froh waren. Schulze nahm ich mit in mein Quartier.

Als wir in Meaux die Gefangenen abgeliefert hatten, zogen wir wieder zurück. Schulze, der mir als Bursche diente, nahm ich mit mir.

Bei unserem Korps nun wieder angekommen, marschierten wir bald rechts, bald links und dabei immer zurück, so dass wir am Ende wieder nach Meaux kamen, das wohl zehn Stunden von Paris entfernt liegt.

Da erschien ein Armeebefehl, dass alle Gefangenen sowie alles überflüssige Fuhrwerk und die Packpferde der Marketender von der Armee entfernt werden sollten. Mein guter Schulze und ich mussten uns also auch trennen, was uns beiden sehr schwer fiel. Er weinte, ich aber auch. Ich begleitete ihn noch bis zu den übrigen Gefangenen und gab ihm noch ein Hemd und ein mit Bleistift geschriebenes Papierchen folgenden Inhalts mit auf die Reise:

„Le porteur du présent, que j'ai pris prisonnier et qui était plusieurs jours chez-moi, faisant le domestique, merite par les bonnes moeurs, sa sincerité et sa capacité d'être employé dans le prison comme aide de l'inspecteur.

J. Röhrig, sergeant-major des voltigeurs du première bataillon du 150. regiment d'infanterie de ligne."[48]

Er drückte mir noch recht herzlich die Hand und ging dann mit den anderen fort. Ich sollte ihn später noch einmal wiedersehen.

Endlich verließen wir unter dem Kommando des Generals Gerard die Gegend von Meaux, wenn ich nicht irre, am 16.Februar, und nahmen in Eilmärschen die Richtung nach der Seine zu, wo mehrere aus Spanien angekommene Infanterie- und Kavallerie-Regimenter zu uns stießen.

---

48 in deutscher Sprache: „Inhaber dieses, welche ich gefangennahm und mehrere Tage bei mir hatte, den Bedienten spielend, verdient durch seine guten Sitten, seine Aufrichtigkeit und seine Kenntnisse in der Gefangenschaft als Gehilfe des Aufsehers angestellt zu werden. J.Röhrig, Feldwebel der Voltigeure, I.Btl./150.Linien-Regiment."

Die Kavallerie bestand meistenteils aus Dragonern, die bei den Franzosen zu Fuß und zu Pferde exerziert waren und die Gewehre wie wir hatten.

In einer stockfinsteren Nacht - es war so dunkel, dass man eine Katze hätte in den Sack jagen können - wurden sämtliche Voltigeur-Kompanien durch Führer oder Bauern in Begleitung eines Adjutanten, doch jede Kompanie für sich, in einen Wald geführt, und tief im Walde hieß es Halt.

Nun wurde ein Pikett mit einem Leutnant und einem Sergeanten weiter vorgeschoben und sodann die Vorposten aufgestellt. Letztere erhielten den Befehl, sobald der Tag graute und sie den Feind erblickten, Feuer zu geben. Wir durften indessen kein Feuer anzünden, noch den Tornister oder sonst etwas abhängen, und uns so stille wie Mäuschen verhalten, dass unsere Gegner, die uns nicht so nahe dachten, nichts von uns merken sollten, damit wir sie mit dem anbrechenden Tage überrumpeln könnten. Dies war nämlich aus allem, was vorging, zu entnehmen, und man konnte mit Gewissheit vorhersagen, dass mancher hier sein letztes Hemd anhatte.

Als die Morgendämmerung sich am Horizont blicken ließ, fielen auch schon Flintenschüsse, denn die beiderseitigen Vorposten standen nicht weit voneinander entfernt, ohne dass eine Partei von der anderen etwas wusste.

Mit dem ersten Schuss, der fiel, erdröhnte auch der ganze Wald vom Generalmarsch, und nun ging es in vollem Lauf mit dem Geschrei: *„En avant, vive l'Empereur!"* auf den Feind los. Es waren Russen. Sie hatten unseren so frühen Besuch nicht erwartet und waren daher schon im ersten Orte, den wir erreichten, gar nicht auf den Angriff vorbereitet. Alle Posten und alles, was sich uns entgegenstellte, wurde niedergeworfen. Das war eine wahre Lust.

In den ersten Dörfern, die wir erreichten, war die Kavallerie und Artillerie noch im Satteln und Aufzäumen begriffen. Eine Strecke von drei bis vier Stunden Wegs, bis Provins, war mit Toten, zurückgelassenen Kanonen und russischen Pulverkarren bedeckt. Der Mut unserer Leute trat aus allen Schranken.

Die aus Spanien angekommenen Dragoner taten Wunder der Tapferkeit. Sie traten am Ende noch zu Fuß in die Reihen der Tirailleurs und gingen wie die Löwen auf den Feind los. Da überdies der Kaiser sich noch sehen ließ, hatte der Mut keine Grenzen mehr.

Wieviel Stunden wir an diesem Tage zurücklegten, weiß ich nicht, aber es waren ihrer viele. Das geschah alle, ohne dass wir auch nur im geringsten an das Essen dachten. Notabene, wir hatten aber auch nichts, und zum Umsehen in den Ortschaften hatte man keine Zeit, weil es immer nur „Vorwärts!" hieß. Auch hatten die Russen die liebe Gewohnheit, beim Verlassen eines Dorfes dasselbe in Brand zu stecken und, soviel sie vermochten, zu zerstören, damit wir nichts fänden.

Die Voltigeure fanden in einem Schornstein ein geschlachtetes und nicht abgezogenes Kalb aufgehängt, das sie in Beschlag nahmen, und von dem ich auch mein Teil erhielt. Dann fand ich auf einem Misthaufen vor einem Haufen eine Portion dick aufgeschwollener, eingeweichter oder halb gar gekochter Maibohnen. Wie sie dahin gekommen waren, weiß ich nicht. Ich raffte sie auf, knüpfte sie in mein Sacktuch und hing dasselbe an das Säbelgefäß. Ich ließ sie mir am Abend, nachdem sie nochmals abgesotten waren, ohne Fett und ohne Salz gut schmecken.

So ging es nun immer vorwärts bis auf die Höhen von Montereau, einer Stadt an der Seine. Dort auf diesen Höhen, wo wir Halt machten, kam der Kaiser zu uns, hielt vor der Front mit seinem Schimmel und lobte unsere Tapferkeit.

„In Montereau", so sprach er weiter, „befindet sich der Kronprinz von Württemberg mit einem Korps. Dieses Vögelchen müsste ausgehoben werden. Um aber den Zweck zu erreichen, muss es vor allen Dingen still hergehen. Die Brücke ist zwar mit Pulver unterlegt, aber wir müssen über sie weg sein, ehe sie es in der Stadt vermute."

Sein Letztes war noch, als er wegritt: *„Courage, mes enfants! En peu de temps nous serons au bord du Rhin."*[49]

Nun ging es, die Kavallerie voran, im Sturmschritt den Berg hinab. Alle Posten, welche sich nicht freiwillig ergaben, wurden niedergehauen. Wir folgten der Kavallerie auf dem Fuße.

Als wir die Vorstadt passiert hatten, stellte sich jenseits der Brücke die Wache auf, um Widerstand zu leisten, allein umsonst. Unsere Kavallerie sprengte hinüber und wir ihnen nach, das heißt mehrere Kompanien Voltigeure.

Ein General, wie er hieß, weiß ich nicht, stürzte auf der Brücke nieder. Als die Brücke erstürmt war, fingen sie in der Stadt an Generalmarsch zu schlagen. Die dummen Kerls hatten zwar die Brücke mit Pulver unterlegt, vergaßen aber in der Verwirrung, die Lunten anzulegen.

Unsere Reiterei ritt, als sie über die Brücke war, längs der Seine hinab, um die Stadt herum und kam am entgegengesetzten Tore herein. Sie hieb zusammen, was ihr entgegen kam. Wir trieben den Feind der Kavallerie entgegen, aber, oh Himmel! auf einmal ging uns die Munition aus, woran kein Mensch in dem Eifer gedacht hatte. Nun wurde unsererseits mit Bajonetten und Kolben gefochten. Das war ein Scharmützel ohnegleichen.

Die Straßen der Stadt waren mit Leichen übersät. Darüber hinweg setzte unsere Kavallerie und Artillerie. Einem waren die Gedärme, dem anderen das

---

49- (fran.) „Mut, meine Kinder, in Kurzem werden wir am Rhein sein."

Gehirn durch die Räder der Geschütze herausgefahren oder durch die Hufe der Pferde herausgetreten worden. Es war fast gar nicht anzusehen. Ein General wurde gefangen, allein das Vögelchen bekamen wir nicht. Am anderen Morgen wurden sämtliche Tote in die Seine geworfen, wieviel an der Zahl, das weiß ich nicht, es waren ihrer aber sehr viele.

Wir verfolgten den Feind auf der Straße, die nach Troyes führt. In der folgenden Nacht lagerten wir uns bei einem Dorfe zwischen Melun und Montereau.

Weil wir aber keine Feldkessel, Schüsseln und Geschirre mehr hatten, wurde dieses alles durch die Soldaten aus dem nahe gelegenen Dorfe herbeigeholt, um die Kartoffeln, die sie ebenfalls brachten, zu kochen.

Als wir am anderen Morgen zum Abmarsche aufbrachen, kamen die Weiber scharenweise aus dem Orte nach dem Biwak und suchten ihre Töpfe und Schüsseln. Da gab es nun Streit und Zank, Rauferei und Schlägerei, weil zwei oder drei sich um ein Küchengerät rauften, und jede behauptete, es sei das ihrige. Es wurde daher nicht nur das Zungenwerk losgelassen, sondern auch die Finger und Fäuste wurden tätig, und das Gerät wurde halb zerbrochen. Die Männer wurden durch das Geschrei auch herbeigelockt, und nun ging der Tanz erst recht los.

Wir waren in einiger Entfernung stehen geblieben, um dem Schauspiel zuzusehen. Da es aber kein Ende nehmen wollte, befahl der Kapitän, einige Kugeln über sie hinzujagen, was auch geschah, und nun hatte auf einmal alle Fehde ein Ende. Es ging, wie man sagt, Hals über Kopf zum Dorfe hinein. Ob es da wieder losgebrochen ist, kann ich nicht sagen, weil wir weiter marschierten.

Durch ein Treffen oder Gefecht, das etliche Tage zuvor in dieser Gegend stattgefunden hatte, hatten die Einwohner schon sehr viel gelitten, und was da noch geblieben war, wurde jetzt von den retirierenden Russen durch Stehlen, Sengen und Brennen zerstört. Von ihrer Retirade will ich hier nun ein Beispiel anführen:

In der Gegend von Melun, einer Stadt an der Seine, lagerten sie bei einem Dorfe. Als sie ihr Biwak verließen, trieben sie sämtliches vorhandene Vieh in dieses hinein, töteten es und steckten das Stroh in Brand. Durch das Dorf gingen sie mit Strohfackeln in den Händen und hielten sie an die Dächer der Häuser. Es ist unmöglich für den, der es nicht gesehen hat, sich einen Begriff davon zu machen, welch einen herzzerreißenden Anblick es dem Auge darbot. Und das taten diese Barbaren bloß darum, damit wir nichts finden sollten. Haben sie es doch aus im Jahre 1812 in ihrem eigenen Lande so gemacht und sogar ihre eigene Stadt Moskau niedergebrannt, damit die französische Armee nicht Winterquartier in ihr nehmen konnte.

Wir zogen nun die Seine hinauf, und zwar manchmal zwei bis drei Stunden landeinwärts bis nach Troyes, einer großen Stadt an der Seine, in einer sehr fruchtbaren Ebene gelegen, mit Weinbergen umgeben.

Wir biwakierten in diesen Weinbergen und sahen die Stadt vor uns liegen. Es durfte aber keiner hinein. Hunger hatten wir überflüssig, aber nichts zu beißen.

Weil unsere Kompanie bis auf fünf Voltigeure zusammengeschmolzen war, kam ganz unerwartet der Befehl, dass diese einer anderen Voltigeur-Kompanie einverleibt werden sollten, und wir, nämlich die noch vorhandenen Offiziere und Unteroffiziere, sollten nach Paris marschieren, wo unser Depot sich befände.

Dass ich die große Weltstadt Paris nun auch noch sehen sollte, darüber war ich herzlich froh. Auch waren wir das immer währende Lagern im freien Felde müde geworden. Ebenso das Hungerleiden. Wir hofften von nun an, es auch in diesen Stücken besser zu bekommen. Befehl und Marschroute kamen miteinander, und wir traten auf der Stelle unsere Reise an. Es ging nun bis Montereau des Weges, den wir gekommen waren. Von da an weiß ich die Stationen nicht mehr zu nennen.

Am ersten Tage auf dem Rückmarsche bekam ich einen Jähhunger. Ich wurde matt und konnte mich des Schlafes nicht erwehren. Ich setzte mich darum am Rande der Straße nieder, ließ die Füße in den Graben hängen und schlief ein. Und ach, wie gut ich schlief!

Meine Kameraden kamen zurück, rafften mich zusammen, um mich mit fortzunehmen, aber es wollte nicht gehen. Endlich lief einer in das nahe gelegene Dorf und bekam zum Glücke ein Stück geschrotetes oder Kleienbrot, das zur selben Zeit, besonders in den Dörfern an der Straße, selten zu finden war. Als ich nun etwas genossen hatte, ging es wieder besser.

Wir mochten wohl auch eine halbe Stunde Wegs gemacht haben, als wir einem Trupp Ochsen, die zur Armee getrieben wurden, begegneten. Eine Strecke weiter zurück lag einer davon, der sehr stark lahm ging, im Chausseegraben. Er war jung und gut gefüttert. Wir schafften ihn auf, trieben ihn in den neben der Straße befindlichen Föhrenwald, schnitten ihm mit dem Säbel den Hals ab, nahmen die Haut von den Hinterwirbeln weg und schnitten die Quallen oder das dicke Fleisch herunter. Jeder band sich eine Portion auf den Tornister. Im nächsten Dorfe taten wir es den Einwohnern kund, und sie werden sich wohl den Rest im Stillen heimgeholt haben.

Als wir für selbigen Tag unser Ziel erreicht und die Billets erhalten hatten, kamen unserer sechs in ein Quartier. Wir rechneten daher auf einen wohlhabenden Mann und gute Verpflegung, allein wir hatten die Rechnung ohne den Wirt gemacht. Er war zwar wirklich ein wohlhabender Mann, aber er hatte im Augenblicke doch keine Lebensmittel mehr.

In das Haus eingetreten, fanden wir den Hausherrn an einer von den Russen erhaltenen Kopfwunde im Bett liegen und die Hausfrau mit den Kinderchen am Kaminfeuer sitzen. Als wir ihr das Billet überreichten, fing sie laut an zu weinen, und ganz natürlich fingen nun die Kinderchen auch an zu weinen, teils weil die Mutter weinte, teils weil sie uns für Russen hielten und uns fürchteten.

Die Frau lamentierte, wie sie eine solche Einquartierung haben könnten, da sie doch selbst nichts hätten. Sie deckte den Topf, der am Feuer stand, auf, und was war darin? Nichts als roher Weizen, den sie sich zum Abendbrot absieden wollten. Wir sagten zu ihr: *„Ca se fera.”*[50] Es wurde von den zwei Tornistern das Fleisch herunter genommen und eines in den Topf zu dem Weizen und das andere in einen anderen Topf getan. Einer von uns hatte auch noch etwas Salz in das Schnupftuch eingebunden, mit dem wir salzen konnten. Als alles gehörig gekocht hatte, aßen wir alle zusammen.

Manche Träne musste ich mir aus den Augen wischen, wenn ich sah, wie die Kinder sich freuten, und wie gut es ihnen schmeckte. Es däuchte mir, als hätte der liebe Gott uns den Ochsen dieser arme Familie wegen zukommen lassen. Die Leute waren, wie schon gesagt, an sich nicht arm, aber im Augenblick besaßen sie nichts, weil die Russen alles, was sie nicht verzehrt oder mitgenommen, zerstört hatten. Wir überließen ihnen noch ein Stück rohes Fleisch, und mit Tränen in den Augen nahmen wir am anderen Morgen Abschied voneinander. Hier empfand ich recht lebhaft, welche Früchte gutes Tun mit sich bringt.

Nun ging es über Provins, Montereau, Melun bis Paris, ohne dass sich etwas Besonderes ereignete.

10.Kapitel
In Paris und Orleans

In einem Städtchen in der Nähe von Paris, Vincennes oder wie das Nest heißt, hielten eine Menge *fiacres*[51], welche uns schon entgegen riefen: *„À Pa-*

[50] - (fran.) „Das wird sich schon machen.”
[51] fiacres - (fran.) Lohnkutscher

ris, à Paris, pour deux francs.[52]" Da wir nun noch von dem in Charleville erhaltenen Gelde hatten, setzten wir uns ein, nun ging es im Trab nach Paris und durch die Vorstadt St.Antoine nach dem Boulevard zu. Boulevard heißt eigentlich der Wall um eine Festung, auch ein einem Walle ähnlicher Spaziergang um einen Teil der Stadt herum. Nicht ein Mensch kann sich einen Begriff von der Menschenmenge machen, die auf diesem Boulevard von morgens früh bis abends spät als Spaziergänger hin und her wogt.

Am Anfange dieses Boulevards hielt wieder eine Menge *fiacres*, und die, mit denen wir ankamen, durften nicht weiter fahren. Es blieb uns also nichts anderes übrig, als nochmals zwei Franken pro Person zu bezahlen und in andere Wagen zu steigen. Diese brachten uns nun an der Porte St.Martin und St.Denis vorbei nach der Kaserne *Nouvel-le-France*. Man erwarte nicht, dass ich viel von Paris erzähle, denn ich muss gestehen, ich habe vor lauter Häusern die Stadt nicht gesehen.

Als wir in der Kaserne angekommen waren, kamen unsere alten Bekannten, die sich bei Jülich von uns getrennt hatten und schon einige Zeit hier einquartiert waren, heraus, und da wir so ganz unerwartet kamen, war die Freude des Wiedersehens eine unbeschreibliche. Da trafen wir uns nun alle, die wir uns an der Binger Brücke die Hände darauf gegeben hatten, nicht abzugehen, wir wären denn alle vier zusammen. Ich sage nochmals: Das war eine Freude ohnegleichen.

Als wir uns eingenistet hatten, schrieb ich einige Bons um Brot für uns Angekommene. Nachdem sie der Kapitän unterschrieben hatte, mussten sie auch noch durch den *Inspecteur aux vivres*, den Inspektor der Lebensmittel, unterzeichnet werden. Ich nahm meine Bons und ging in der Meinung dahin, dies werde bald geschehen sein. Aber, oh Himmel, wie erschrak ich, als ich erfuhr, dass dieser Inspektor in der Vorstadt St.Germain wohne, und ich beinahe eine Stunde zu gehen hätte.

Sie war nämlich jenseits der Seine, doch fand ich ihn endlich. Als er nun sein Kriwes-Krawes unter die Bons gemacht hatte, ging ich zurück, und siehe, auf einmal hatte ich mir irre gegangen. Wo nun hin? Der Name der Kaserne war mir auch entfallen. Nun war guter Rat teuer. Jetzt kam mir nichts besser zustatten als mein Französischsprechen. Einen alten Mann fragte ich um Rat, allein er konnte mir nicht zurecht helfen, denn er war, wie er mir versicherte, in seinem Leben noch nicht auf das diesseitige Seineufer gekommen, mithin gänzlich unbekannt. Doch half er mir auf den Weg nach der Pontneuf, wo viele Obst- und Gemüsehändlerinnen saßen, und diese halfen mir nicht nur auf den Namen der Kaserne, sondern auch auf den Weg dorthin.

---

52 - (fran.) „Nach Paris, nach Paris für zwei Franken."

So kam ich endlich, wenn auch spät am Abend, wieder in der Kaserne an und wurde weidlich ausgelacht. Aber nun hatten wir doch noch kein Brot und bekamen auch keins bis zum anderen Morgen, weil das Brotmagazin auch weit entfernt war.

Am dritten Tage nach unserer Ankunft erhielten wir auch die noch rückständigen drei Monate Sold. Da gab es nun Geld wie Bach. Zu tun hatten wir ganz und gar nichts, als unsere Sachen rein zu halten. Wir hatten also Mittel und Zeit, uns ein wenig in Paris umzusehen. Durch die Straßen nach einem entlegenen Orte zu Fuß zu wandern, ist fast nicht möglich, einmal wegen der Menschenmenge und des Fuhrwerks. Dann aber verirrt man sich gar zu gerne in den Straßen. Fragt man nach dem Weg, so weiß unter Hunderten kaum einer Bescheid. Will man einem, dem man begegnet ausweichen, so kommt man einem anderen, der nachkommt, unter die Füße. War der Ort, wo man hingehen wollte, nicht gar zu weit entfernt, so gingen wir auch zu Fuß, denn das Fahren kostete Geld.

Wir besahen uns den Botanischen Garten und die in ihm befindlichen Menagerie- und Naturalienkabinette. Wir bewunderten den Place Vendôme mit der schönen Säule. Im Palais Royale waren wir eines Abends im *Caveau aux aveugles* und tranken etliche Krüge Bier. Unten am Tische bemerkten wir einen Mann, der uns bekannt zu sein schien. Als wir ihn näher betrachteten, erkannten wir in ihm unseren früheren Unterpräfekten aus Simmern. Er unterhielt sich lange mit uns, und wir sprachen von diesem und jenem. Als wir ihm sagten, wir hätten erfahren, der Maire in Simmern sei durch die Russen aufgehängt worden, erklärte er dies von vornherein für eine Lüge.

In einem Wirtshause, welches das Schild führte „Gasthaus zum roten Ochsen. Die Zusammenkunft der Deutschen", tranken wir manche Flasche. Es war unser Lieblingsaufenthalt und zwar der schönen Unterhaltung wegen. Da fanden sich jeden Abend Ober- und Unteroffiziere, Kaufleute und Handwerker ein, und es wurde kein Rangunterschied gemacht. Immer hieß es: Landsmann. Sonntags und Montags war Tanzmusik, zu der sich mehrere hundert Menschen männlichen und weiblichen Geschlechts versammelten. Auch fehlte es nicht an Söhnen und Töchtern Jakobs.

Als wir eines Tages so traulich und fröhlich in einem Gasthause auf dem Boulevard zusammen bei einer Flasche Roten saßen, bekamen meine Kameraden Lust zu Käse. Sie ließen sich also, um diese zu befriedigen, Schweizerkäse kommen. Obschon ich in meinem Leben den Käse noch nicht versucht hatte, probierte ich ihn doch diesmal, um den Zudringlichkeiten und Neckereien ein Ende zu machen. Auch der genossene Wein mag dazu beigetragen haben, dass ich ein Stück von der Größe einer Baumnuss hinunterschaffte.

Kaum waren etliche Minuten dahin gelaufen, so musste ich in aller Eile das Zimmer verlassen. Ich bekam ein Erbrechen ohnegleichen. Das Blut kam mir zum Munde und aus der Nase heraus, so dass alle nicht anders dachten als, ich stürbe ihnen unter den Händen. Das war Käse genossen, in meinem Leben werde ich es nicht mehr probieren!

So liefen 20 oder 21 Tage durchs Land, und die Spalten der Pariser Zeitungen waren von Siegesnachrichten angefüllt, als auf einmal sich Kanonendonner hören ließ. An allen Ecken und Enden schlug es Generalmarsch. Die Einwohner liefen durcheinander und steckten die Köpfe zusammen.

Wir mussten unsere Wäsche bei der Waschfrau abholen und nass einpacken und so eilends mit Sack und Pack nach dem nördlichen Ende der Stadt, nach der *Barrière Pantin* ausrücken. Es war morgens früh, die Barriere war verpalisadiert. Den Tag und die folgende Nacht lagerten wir da auf dem Pflaster und immer näher und näher kam der Kanonendonner. Eine Ordonnanz nach der anderen kam herangesprengt.

Am zweiten Morgen kamen etliche 100 Mann Pariser Nationalgarde, prächtig uniformiert und mit Federbüschen auf den Hüten. Wir versprachen uns tüchtigen Beistand von diesen Leuten, aber wir hatten uns getäuscht. Es waren keine von der spanischen Armee zurückgekehrten Truppen. Endlich kam eine Kanonenkugel über die Palisaden und uns dahingezischt und schlug in ein Haus ein. Unsere Nationalgardisten waren wie Spreu vom Winde zerstreut und wir bekamen keinen mehr zu sehen und zu hören. Dem hintersten schlug die zweite Kanonenkugel, die kam, als er eben aus der Straße Pantin links um in die Straße St.Denis einbiegen wollte, ein Bein ab.

Wir wurden von da abgerufen und durch andere Truppen ersetzt. Wir bekamen unsere Stellung an der *Barrière Vilette*, die ebenfalls verpalisadiert war, und zwar mit eingerammelten und gespaltenen Stämmen, - ich glaube es waren Eichen. Dahinter standen wir ziemlich sicher und durch die dazu gemachten Löcher schossen wir in die Masse der Russen, die auswendig standen.

Joseph Napoleon, der Bruder des Kaisers, kam zu uns und sagte: *„N' ayez pas peur, mes enfants, je suis avec vous. L'Empereur leurs est au dos. Tous ceux, qui vous voyez devant vous, seront nos prisonniers."*[53]

Aber auf einmal war mein Joseph fort und wir bekamen ihn dann auch nicht mehr zu sehen.

53 - (fran.) „Fürchtet Euch nicht, meine Kinder, ich bin bei Euch. Der Kaiser ist ihnen im Rücken. Alle die, die Ihr vor Euch seht, werden unsere Gefangenen."

Die Granaten, die sie über die Palisaden hereinwarfen, schadeten uns nicht, weil sie über unsere Köpfe hinweggingen. Wir hatten einen Blessierten.

Auf einmal hieß es: „*Cessez le feu*!"[54]

Alles schrie: „Vive l'Empereur!", in dem Wahne, jetzt ergeben sich die Feinde als Gefangene. Es ging noch eine Weile zu, bis das Schießen aufhörte, so war alles im Eifer. Endlich wurde es stille und rechter Hand hinter den Häusern kamen vier Generäle mit ihren Adjutanten nach der Barriere geritten. Diese wurden geöffnet und sie ritten zu uns herein. Sie waren verschiedenartig uniformiert, also von den vier alliierten Nationen. Wie es hieß, wären es die vier Feldherrn selbst.

Unterdessen kamen auch drei oder vier Generäle aus der Stadt angeritten und nachdem sie sich bewillkommnet hatten, sprachen sie noch zusammen. Ob ich schon ganz nahe bei ihnen stand, konnte ich doch weiter nichts verstehen, als dass der eine von denen aus der Stadt sagte: *„Il faut finir cette comédie!"*[55]

Ich hatte genug gehört. Es war vorbei. Endlich ritten sie alle zusammen nach der Stadt zu. Es wurde ein Waffenstillstand von zwei Stunden angekündigt; die Barriere blieb offen.

Die Russen kamen nun an die Barriere und riefen: „Kamerad, komm', Schnaps!"

Wir gingen unserer drei und tranken mit ihnen.

Sonderbar! Vor einer halben Stunde suchten wir einer den anderen totzuschießen und jetzt tranken wir einen recht guten Korn zusammen, womit die Russen gut versehen waren. Mein Kapitän meinte: „Heute gehen wir noch zum Teufel."

Das war freilich ein derber Ausdruck, allein er hatte wirklich die Wahrheit geweissagt. Ehe noch zwei Stunden dahingelaufen waren, hieß es dann: *„À vos rangs! - Par le flanc à droite! - Par file à gauche! - Marche!"*[56]

Keiner wusste, wohin des ging, selbst der Kapitän nicht. Es ging nach der Straße nach St.Denis und dieselbe entlang nach dem Boulevard, von da über eine Seinebrücke nach der *Barrière l'enfer*, also von dem nördlichen Ende der Stadt nach dem südlichen. Was war es nun anders als, wir gingen zum Teufel. *L'enfer* heißt nämlich Hölle, also die Behausung des Teufels. Dort lagerten wir des Nachts.

Als wir durch die Stadt marschierten, waren alle Türen und alle Fensterläden zu. Auch nicht einen Menschen, keine Katze und keinen Hund bekamen wir zu sehen. Die ganze Stadt war wie ausgestorben.

---

54 - (fran.) „Stellt das Feuer ein!"

55 - (fran.) „Man muss dieser Komödie ein Ende machen!"

56 - (fran.) „Angetreten! - Rechts um! - Links schwenkt, Marsch!"

Am anderen Morgen, am 31.März, in aller Frühe bekamen wir unsere Marschroute nach Orleans an der Loire, sagten also Paris Lebewohl und marschierten denselben Tag nach Etampes, einem Städtchen auf der Straße nach Orleans.

Daselbst wurden wir bei den Bürgern einquartiert. Der Kommandant gab Befehl, unsere in Paris nass eingepackte Wäsche zum Trocknen aufzuhängen und uns dann ruhig schlafen zu legen, damit wir die zwei an den Barrieren von Paris versäumten Nächte einholten. Wir gehorchten diesem Befehle recht gerne, obschon es erst Mittag war.

Kaum waren wir eingeschlafen, so schlug es Generalmarsch. Wir rumpelten heraus, rafften uns so schnell als möglich zusammen und eilten, ohne die Wäsche einzupacken, dem Versammlungsplatze zu. Die Einwohner liefen kreuz und quer mit Betten beladen durch die Straßen und schrieen: *„Les cosaques, les cosaques, o mon Dieu, les cosaques!"*[57]

Als wir auf dem Platze angekommen waren, sagte unser Kommandant, dass es ganz bestimmt ein blinder Lärm wäre. Es sei unmöglich, dass der Feind schon hinter uns her sein könnte, weil er am Morgen erst angefangen habe, in Paris einzuziehen und es in Besitz zu nehmen. Doch wollten wir untersuchen, woher dieser Lärm entstand. Wir eilten nun die Straße, woher wir gekommen waren, wieder zurück. Etliche von uns gingen rechts und links der Straße, die anderen gingen auf derselben. Alle, welche uns entgegen kamen, schrieen: *„Les cosaques, les cosaques*!" Selbst etliche Chasseure kamen im Galopp mit diesem Geschrei und wollten an uns vorbei, allein der Kommandant ritt ihnen in den Weg und befahl ihnen zu halten und mit umzuwenden, um mit uns die Sache zu untersuchen, was sie zwar nicht mit Vergnügen, aber doch gezwungenermaßen taten.

Wir mochten wohl eine halbe Stunde des Weges zurückgelegt haben, als wir einigen Dragonern begegneten, die langsamen Schrittes geritten kamen. Sie lachten über diesen Spektakel und erklärten dessen Ursache folgendermaßen: Zwei Fuhrwerke, mit Wein beladen, fuhren auf der Straße, und hinter ihnen drein kamen polnische Lanciers, welche Hurra geschrieen haben. Darauf ließen die Bauern die Wagen im Stiche und sprengten mit den leeren Pferden davon, weil sie diese Lanciers für Kosaken hielten.

Wir machten nun Kehrt, legten uns wieder schlafen und schliefen bis zum anderen Morgen, ohne gestört zu werden. So ging es nun bis Orleans, ohne dass sich etwas Besonderes ereignete.

In Orleans auf dem Platze bei der Statue der Jungfrau von Orleans, der Jeanne d'Arc, angekommen, erhielten wir Billets, kamen also zu den Bürgern ins Quartier und zwar mit Verpflegung, wozu mittags und abends jedes Mal

57 - (fran.) „Die Kosaken, die Kosaken, oh mein Gott, die Kosaken!"

ein Liter guter, trinkbarer Wein auf den Mann gegeben werden musste. Mein Wirt aber, obschon er ein reicher Mann war, ließ sich einfallen, nur Piquette anstatt Wein vorzusetzen, den ich aber nicht für gut annahm. Wir gerieten dadurch in Disput, und beinahe hätte ich die Bouteille mitsamt dem Piquette hinter die Türe geworfen. Piquette ist ein Getränk, das folgendermaßen bereitet wird: Wenn die roten Trauben, die, wie bekannt, in den Bütten gären, gekeltert sind, so werden sie abermals in die Bütten getan, um eine zweite Gärung zu bestehen, und wenn sie so acht bis zehn Tage gestanden haben, werden sie abermals gekeltert, und der ausgepresste Saft zum täglichen Getränke für die Familie aufgehoben.

Nach dem Essen ging ich aus, um meine Kameraden aufzusuchen, und kam des Abends etwas spät zurück. Als mein Wirt mir die Türe öffnete, sagte er ganz freundlich: „Mein lieber Sergeant-Major, während Ihrer Abwesenheit habe ich noch acht Unteroffiziere der Jungen Garde als Einquartierung erhalten, und unter ihnen ist ein Landsmann von Ihnen."

Dieses sagte er zwar deswegen, weil ein Deutscher darunter war. Da sie schon auf ihrem paillasse lagen, so ließ ich mich hinführen. Auf meine Frage: „Ist ein Deutscher hier?" richtete sich einer auf und rief: „Menk."

„Nun ja", dachte ich, „der ist gewiss von Holzbach."

Jetzt richtete sich auch Menk auf, und ich frug weiter: „Was bist Du für ein Landsmann?"

„Ein Rheinländer", antwortete er.

„Von wo da?"

„Vom Hunsrück."

„Dann doch gewiss von Holzbach", fuhr ich fort.

„Eben daher", war die Antwort.

Als ich ihm nun darauf antwortete: „Und ich bin von Neuerkirch", da sprang er auf, kam auf mich zu und wir umarmten uns, als wären wir Brüder, obschon früher keiner den anderen gekannt hatte. Unsere Geburtsorte waren zwei Stunden voneinander entfernt.

Wir gingen nun gemeinsam in die Wohnstube. Unser Herr Hospes war so gefällig, uns eine Flasche nach der anderen zu zapfen, und so saßen wir zusammen bis zum lichten Morgen. Zwei Landsleute, die sich 150 Stunden von Haus entfernt unversehens treffen, das erweckt eine Empfindung und eine Freude, wovon sich der, der es nicht empfunden hat, keine Vorstellung zu machen imstande ist. Ich glaube behaupten zu können, dass, wenn zwei Todfeinde sich weit von Haus entfernt unvermutet treffen, sie von der Zeit an die besten Freunde werden.

Menk und seine Kameraden zogen nun leider am anderen Morgen ab nach Tours en Touraine. Wir aber blieben als Besatzung in Orleans.

Ende April oder Anfang Mai wurde die Ankunft des Königs Louis XVIII. auch in Orleans festlich begangen. Weiße Fahnen wurden ausgesteckt und flatterten vor den Häusern, und des Abends war die Stadt illuminiert.

Die Soldaten aber, namentlich die alten, wollten von dem neuen König nichts wissen. Ihr Herz hing noch immer am Kaiser Napoleon, trotzdem seine Abdankung feierlich verlesen worden war. Missvergnügt waren sie schon am Mittag bei der Parade und bei dem *„Vive l' Roi!"*[58] stimmten nur wenige ein. Die festliche Bewirtung und der Wein machten die Stimmung nicht besser und nicht aufgeregter.

Auf einmal entstand ein fürchterlicher Lärm. Gruppen von Soldaten durchzogen mit ihren Gewehren die Straßen und schrieen: *„Vive l'Empereur, à bas Louis dix huit!"*[59]. An den Häusern, an denen Fahnen wehten oder Lichter brannten, wurden die Fenster eingeschlagen. Die Fahnen wurden heruntergerissen und mit Füßen getreten. Bürger, welche die weiße Kokarde trugen, wurden mit Kolbenstößen behandelt.

Das dauerte wenigstens drei bis vier Stunde, bis die Polizei und Offiziere dem Unfug ein Ende machen konnten. Die meisten meiner Kameraden machten den Lärm mit. Ich aber dachte an den in der Schule gelernten Bibelspruch: „Mein Kind, fürchte den Herrn und den König und menge Dich nicht unter die Aufrührerischen" und blieb zu Hause.

In einem Gasthause auf dem Platze nahe bei dem Standbild der Jungfrau, mit dem Schilde *„au Soleil"*[60], verlebten wir manche gemütliche Stunde. In der Gaststube war eine Schwarzwälder Uhr, die schöne Stückchen spielte, aufgehängt.

Eines Tages, als wir auch so traulich da beieinander saßen und die Uhr uns einen schönen Marsch vorspielte, kam ein Transport Gefangener anmarschiert, um wieder nach Deutschland zurückzukehren. Sie waren in leinene Kittel gekleidet und marschierten bei dem Standbilde auf.

Wir gingen hinaus uns stellten uns vor die Türe. Auf einmal kam einer aus der Reihe, sprang auf mich zu und umarmte und küsste mich. Wer war es? Niemand anders als mein guter Schulze. Als die Billets empfangen hatten, nahmen wir ihn mit uns in das Gasthaus, tranken zusammen etliche Flaschen Wein und aßen Weißbrot und Radieschen dazu.

Er erzählte uns nun, wie große Dienste ihm das durch mich geschriebene und ihm mitgegebene Papier geleistet habe und wie er dadurch nicht empfunden habe, dass er sich in der Gefangenschaft befand. Schon auf dem Marsche von Meaux nach Tours wäre er von dem sie begleitenden Offizier und

58 - (fran.) „Es lebe der König!"

59 - (fran.) „Es lebe der Kaiser, nieder mit König Ludwig XVIII.!"

60 - (fran.) „Zur Sonne"

den Unteroffizieren sehr gut behandelt worden. In Tours selbst sei er dem Aufseher über die Gefangenen als Gehilfe beigegeben worden, wodurch er gute Tage und sehr gute Verpflegung genossen habe. Zum Schlusse hellerten wir noch für ihn zusammen, was beinahe drei Franken brachte.

Am anderen Morgen, nachdem wir noch in dem vorhin erwähnten Gasthause gefrühstückt hatten, nahmen wir Abschied voneinander. Er marschierte mit seinen Kameraden ab, um wieder in seine Heimat zurückzukehren. Was weiter aus ihm geworden ist, weiß ich nicht.

11.Kapitel
Die Entlassung

Nachdem wir ungefähr sechs Wochen in Orleans zugebracht hatten, erhielten wir Befehl, nach Valenciennes aufzubrechen. Die Marschroute lautete über Chartres, Evreux, Beauvais, Amiens und Arras nach Valenciennes. Die übrigen zwischen diesen Städten gelegenen Stationen weiß ich nicht mehr zu nennen.

Wir ließen Paris also rechts liegen. Evreux entzückte uns. Eine sehr schöne Stadt. In Amiens bewundere ich im Dom, wie schön im Schiff rundum die biblischen Geschichten in Stein gegraben sind. In Arras erzählte mir der Wirt von den Schreckenstagen der Revolution, wie die Guillotine in dieser Stadt auf Rädern von Haus zu Haus gefahren worden war, und wie das Blut der Getöteten in den Straßenrinnen geflossen sei. Schauder erregend waren seine Erzählungen.

In Valenciennes, unserem zukünftigen Garnisonsorte, angekommen, bezogen wir sogleich eine Kaserne. Wir trafen nun dort auch die, die in Maastricht und Jülich blockiert gewesen waren, ja sogar unseren in Neuss gefangen genommenen Regimentskommandeur Ferdinand Durex. Auf dem Kasernenhofe kam ein Fourrier von den roten Husaren, welche auch da in Garnison lagen, zu uns, und als wir uns einander näher erklärten, stellte sich heraus, dass wir Landsleute waren. Wir bewillkommneten uns nun natürlich freundschaftlich. Weil er aber mehrere Eigenschaften besaß, die ich wie die Hölle hasste oder verabscheute, zog ich mich bald von ihm zurück.

In der Nähe der Stadt sind bedeutende Kohlengruben, in welchen schon damals die Kohlen und das sich in der Grube sammelnde Wasser durch Dampfmaschinen zutage gefördert wurden.

Die erste Nacht konnten wir alle nicht schlafen, und zwar durch das Geräusch oder die schneidenden Töne, die der aus dem Kessel ausgelassene überflüssige Wasserdunst hervorbrachte, zumal wir ganz und gar nicht erraten konnten, was das sein sollte, bis wir es am Morgen erfuhren. Am anderen Tage schon ging ich hin, um das Werk näher anzusehen.

Die Pumpen, drei oder vier, gingen immerfort und spieen das tief unten in der Erde eingeschlürfte Wasser aus. Auch trieb die Maschine eine Welle, an welcher zwei Seile befestigt waren. An diesen hingen große Körbe. Indem der eine von ihnen mit Kohlen beladen zutage kam, ging der andere leer hinab. Kam dieser wieder herauf und der andere hinab, so lief die Welle anders herum.

Ein unterirdischer Gang von einer Viertelstunde Länge führte dahin, wo gegraben wurde. Weil ich nun immer neugierig war, so wäre ich auch gern da gewesen, wo gearbeitet wurde. Ein Arbeiter, den ich ansprach, erbot sich, mich für einen Franken hinzuführen. Wir mochten wohl den halben Weg gemacht haben, da ging das Licht aus.

„Nun ja", dachte ich, „was soll das werden?"

Ein panischer Schrecken überfiel mich. Ich versprach daher dem Führer abermals einen Franken, damit er mich wieder hinausführe. Als ich mich wieder auf Gottes freier Erde befand, dankte ich Gott und nahm mir fest vor, nie wieder einen Spaziergang unter der Erde zu machen.

So verbrachten wir nahezu drei Wochen in Valenciennes, hatten gute Tage und ließen es uns wohl sein.

Ganz unvermutet kam endlich am 10.Juli eine Gouvernementsverordnung, welche befahl, dass alle französischen Militärs, welche in den nicht mehr zu Frankreich gehörigen Ländern geboren seien, in ihre Heimat zurückgeschickt werden sollten.

Das betraf mich also auch. So erhielt ich nun am 13.Juli meinen Abschied, einen Dienstetat, ein Attest des Betragens und einen Schuldschein über das, was ich noch vom Regimente zu fordern hatte[61]. Mein Guthaben im Massebüchlein erhielt ich ausbezahlt. Es diente mir als Reisegeld.

Mein Abschied lautete, ins Deutsche übersetzt:

16.Militärdivision Nr.2757

Abdankungsschein

Valenciennes, am 13.Juli 1814

Der Verwaltungsrat des 150.Linien-Infanterie-Regiments gibt gemäß Verordnung der französischen Regierung, dass alle französischen Militärs, welche in den

61 Die Auflösung des 150.Linieninfanterie-Regiments wurde durch das königliche Dekret vom 12.Mai 1814 bestimmt.

jetzt nicht mehr zu Frankreich gehörenden Ländern geboren sind, in ihre Heimat zurückgeschickt werden sollen, den Abdankungsschein an Jakob Röhrig, Sergeant-Major der Voltigeure des ersten Kriegsbataillons, geboren den 13.April 1787 zu Neuerkirch im ehemaligen Departement von Rhein und Mosel, und bevollmächtigt ihn, in seine Heimat zurückzukehren. Dieser Militär ist am 13.Juli 1814 in dem Re-gister des Regiments ausgestrichen worden.

Die Mitglieder des Verwaltungsrates:

Der Majorpräsident, Offizier der Ehrenlegion Chaumont
Magalan Haw, Regimentszahlmeister
Chapin, Sergeant
Eingesehen von uns: Unterinspektor der Revuen
Ravenau
Gesehen von dem Kommandanten der Stadt Valenciennes:
Chaumont

Das Führungszeugnis lautet in deutscher Sprache also:

„150.Linien-Infanterie-Regiment, 1.Kriegsbataillon.

Ich unterzeichneter Kommandant des 1.Kriegsbataillons bescheinige hierdurch, dass der Jakob Röhrig, Sergeant-Major der Voltigeure des besagten Bataillons, durch seine gute Aufführung verdient hatte, als Mitglied der Ehrenlegion und selbst zweimal als Offizier vorgeschlagen zu werden, welches aber durch die verschiedenen Zeitumstände nicht hat gelingen können. Ich bescheinige überdies noch mehr, dass seine Talente und seine Rechtschaffenheit ihn würdig gemacht haben, die verschiedenen Grade zu versehen, in denen er angestellt war.

Festung Valenciennes, am 13.Juli 1814.
Duquesnoy
Gesehen und gutgeheißen von dem Kommandant des Regiments:
Ferdinand Durex."

Der erhaltene Schuldschein lautet zu deutsch also:

„Der unterzeichnete Zahlmeister bescheinigt hiermit, dass der Serge-ant-Major der Voltigeure Jakob Röhrig noch den Sold von den Monaten Juli, August, September, Oktober, November und den zwei ersten Tagen des Monats vom Jahre 1813 zu fordern hat. Eingesehen, dass die Zahlungen noch nicht gemacht worden und gemäß der Verordnungen des Kriegsministeriums zurückgelegt worden sind, so dass er also nicht bezahlt werden kann, bis der Minister eine Verordnung darüber erlässt, um zu zahlen. Weswegen wir ihm gegenwärtigen Schuldschein erteilt haben, welcher von den Mitgliedern des Verwaltungsrats ap probiert werden wird.

Ausgefertigt zu Valenciennes am 12.Juli 1814.
Berlin, Bataillonszahlmeister.

Eingesehen und gutgeheißen von uns Mitgliedern des Verwatungsrats
Duquesnoy, Bataillonskommandeur
Julien, Kapitän
Libert, Sergeant-Major."

Nachdem ich nun diese Papiere in Empfang genommen hatte, erhielt ich auch eine Marschroute, nach welcher mir ein Wagen von Station zu Station gestellt werden musste, den ich auch regelmäßig erhielt.

Am Abend vor der Abreise wurde, wie sich von selbst versteht, Abschied getrunken, und zwar so, dass wir alle einen kleinen Stich hatten. In die Kaserne zurückgekommen, legte ich mich aufs Bett, um noch etwas zu schlafen, denn um 03.00 Uhr des Morgens sollte der Wagen auf dem Platze sein.

Der Sergeant-Major Rock, der schon seine 20 Jahre gedient hatte, kam und neckte mich, so dass ich gar nicht schlafen konnte, was ich doch eigentlich wollte. Ich wurde daher ganz ärgerlich und gab ihm eine derbe Ohrfeige, woraufhin er mich auf ein Säbelduell forderte. Ohne den Spiritus im Kopfe zu haben, würde ich es ausgeschlagen haben, denn ich war ja kein Soldat mehr, war als ein solcher ausgestrihen und hatte den Abschied im Tornister, so aber ging ich darauf ein. Der Husaren-Fourrier bot sich mir als Sekundant an. Wir gingen zusammen auf den Rampart[62], zogen die Oberkleider aus und stellten uns einander gegenüber. Mein Gegner war im Fechten gut bewandert und ich verstand sozusagen ganz und gar nichts davon.

Als wir uns so gegenüberstanden, dachte ich doch: „Was soll das werden?"

Rock fing an zu zählen: „Eins, zwei", und mit dem Worte „zwei" reckte ich aus und stach ihn in den Schenkel, und zwar durch und durch. Jetzt wurde er rasend und sagte, ich hätte gegen die Regeln der Fechtkunst gefehlt; damit sei er nicht zufrieden und ich müsste abermals mit ihm fechten. Ich aber hatte die Lust verloren, ließ ihn schimpfen und toben, zog meine Kleider an und ging. Weil er sich aber nicht beruhigen wollte, so trat mein Sekundant an meine Stelle und hieb ihm mit seinem Husarensäbel die halbe Kniescheibe weg. Das machte dem Streit ein Ende.

Unterdessen war ich nach dem Wirtshause gegangen, wo wir Abschied getrunken hatten. Ich weckte den Wirt auf und ließ mir ein Schnäpschen reichen. Überdem kamen auch die anderen und hatten Rock in den Armen hängen, der durch die starke Verblutung totenblass aussah. Wir verbanden ihn, so gut wir konnten, und soviel sich im Augenblick tun ließ, tranken noch ein Glas zusammen, gaben uns die Hände zur Verzeihung, und alles war vergessen. Er hatte aber große Schmerzen.

62 Rampart - (veraltet) Wall einer Festung

Als wir so beisammen saßen, fuhr der Wagen auf dem Platze vor. Ich rief den Fuhrmann in das Wirtshaus, ließ ihm auch ein Glas einschenken und ging unterdessen in die Kaserne, um meine Sachen zu holen. In der Eile ließ ich aber mein Rasierzeug oben im Bette stecken, was mich heute noch ärgert und schmerzt.

Vom Regiment erhielt ich beim Abgehen Tornister, Säbel, Tschako, Ordonnanzrock und Hosen, gute Schuhe, Gamaschen und zwei gute Hemden. Nun legte ich mich auf den Wagen und es ging zum Tore hinaus. Ich schlief bald fest ein. Als das Räuschchen ausgeschlafen war, trat es mir erst klar vor die Augen, was ich getan hatte. Als ich es jetzt überlegte, da wurde mir hintennach noch für mein Leben bange, das ich auch gar leicht hätte einbüßen können. Ich dankte daher Gott aus dem Innersten meines Herzens dafür, dass er mich zuletzt auch noch in dieser gefahrvollen Stunde in seine väterliche Obhut genommen hatte.

Meine Marschroute lautete über Mons, Brüssel, Löwen, St.Trond, Tongeren, Masstricht, Aachen, Jülich, Bergheim, Köln, Bonn, Remagen, Andernach, Koblenz und Halsenbach. Es waren wohl hier und da noch Zwischenstationen, die ich aber nicht mehr zu nennen weiß.

Mein Marschgeld hatte ich von Valenciennes bis nach Hause emp- fangen. Bei jeder Station wurde zur selben Zeit eine gewisse Anzahl Fuhren beisammen in Bereitschaft gehalten, was man einen Park nannte. Ich musste daher jedes Mal bei der Ankunft auf einer Station meine Fuhre in den Park gegen einen Schein abliefern, und so ging es von Station zu Station.

In Brüssel ließ ich mir das Pharao-Bier nochmals schmecken.

Zwischen Jülich und Bergheim bat mich der Fuhrmann, ihn fortzulassen, und bot mir für die Gefälligkeit einen Fündfrankentaler. Teils durch das Geld angelockt, teils seines Anhaltens wegen ließ ich mich bereden und stieg ab.

In Bergheim wurde ich sogleich, als ich meine Marschroute vorlegte, nach dem Fuhrwerk gefragt. Ich suchte mich dadurch zu entschuldigen, dass ich unterwegs genötigt gewesen sei, abzusteigen; das hätte der Fuhrmann benutzt und wäre davongejagt. Aber ich bekam keinen Wagen und musste mich bequemen, die Stationen bis Köln zu Fuß zu machen.

In Köln würde es mir ebenso ergangen sein, wenn ich nicht meinen in Neuss verloren gegangenen Passavanti durch Zufall getroffen hätte. Dieser war mit dem Obersekretär auf dem Büro bekannt und verschaffte mir wieder einen Wagen, den ich aber von nun an festhielt.

In Bonn sah ich viele meiner Kriegsgefährten und wir freuten uns alle recht herzlich des Wiedersehens. Sie bewirteten mich mit Ahrwein.

Bis Koblenz fand ich noch mehrere Kameraden, die alle bei dem Rückzug zu Hause geblieben waren. Auch traf ich mehrere Kollegen von der Normalschule, die in den an der Straße liegenden Ortschaften angestellt waren.

Den lieben Direktor Simon fand ich in Koblenz, mit der Wassersucht[63] befallend, im Sessel sitzend. Das Grab seiner Schwester weckte schöne Erinnerungen und traurige Gedanken in mir. In Koblenz ging ich auch zu meinem ehemaligen Kapitän, dem Gendarmerie-Hauptmann Decker, der bei dem Überfall in Neuss am 02.Dezember 1813 sich aus dem Staube gemacht hatte, zu Hause, in Meckenheim, bis zum Übergang der Alliierten sich verborgen hielt und dadurch den Grund zu seinem Glücke legte. Bei der Besitznahme des linken Rheinufers durch die Alliierten wurde der Herr von Vinke Gouverneur in Koblenz. Dieser und Decker kannten sich, wie mir gesagt wurde, durch frühere miteinander gemachte Jagdpartien. Von Vinke ernannte ihn zum Hauptmann der Gendarmerie. Bald wurde er Major, heiratete als solcher eine Demoiselle Oswald aus Koblenz, dann wurde er Obrist und ist als solcher mit einer tüchtigen Pension abgegangen. Wäre ich in Neuss mit ihm gegangen - er konnte mich gut leiden - , wahrscheinlich hätte ich bei der Gendarmerie bessere Tage gesehen und höhere Pension erhalten als in dem armseligen Schullehrerstande, wo man der Spielball und Reitesel der Bauern ist, Pferdearbeit tut und Distelfinkenfutter erhält. Doch ich war von dem Schöpfer aller Dinge dazu verdammt worden, darum konnte und sollte es nicht anders kommen.

Von Koblenz nahm ich mir keinen Wagen mehr, sondern ging über Waldesch und die Pfaffenhecke nach Hirschwiesen. Dort blieb ich über Nacht. Am anderen Morgen in aller Frühe machte ich mich wieder auf den Weg und kam mit dem Tagesschluss zu Hause an. Die Leute kehrten gerade von der Roggenernte heim. Am liebsten wäre ich unbemerkt ins Dorf gekommen. Aber es ging nicht. Alt und Jung strömte herbei.

„Nun hast Du hoffentlich genug”, sagte mein Vater.

Ja, ich hatte genug! Als braver Soldat hatte ich meine Pflicht getan und bis zuletzt ausgehalten. Ja, ich hatte genug. Genug getan! Genug erlebt! Genug erlitten!

[63] Wassersucht ist die allgemeine deutsche Bezeichnung für eine abnorme Ansammlung von Körperflüssigkeit, z.B. infolge einer unzureichenden Flüssigkeitsausscheidung.

12.Kapitel
Wieder daheim - Königlich preußischer Leutnant des Landsturms und Schulmeister in Neuerkirch

So war ich denn daheim. Aber dass ich mich wohlgefühlt hätte, könnte ich nicht sagen. Die kleinen, geordneten Verhältnisse behagten mir nicht mehr. Ich war nicht mehr der Sergeant-Major, der befehlen konnte, sondern ich war vorläufig gar nichts. Dazu kam noch, dass ich mich in die neuen politischen Verhältnisse nicht recht finden konnte.

Nicht an Frankreich, aber an dem Kaiser hing mein Herz mehr, als ich gedacht hatte. Dass er nun verbannt war, dem fast ganz Europa zu Füßen gelegen, dessen eiserner Besen eine nützliche Reinigung am Rhein vorgenommen hatte, konnte ich nicht verstehen. Auch das preußische Wesen, an das ich mich jetzt gewöhnen musste, war mir fremd. Bei den Franzosen hatte alles einen leichteren, eleganteren Anstrich. Die preußischen Beamten waren steif und zugeknöpft. Der Rheinländer sympathisierte seinem Wesen nach mehr mit den westlichen als mit dem östlichen Nachbarn. Meine alten Kriegskameraden, mit denen ich lebhaft verkehrte, hatten zumeist das selbe Empfinden.

„Du sollst sehen, er kommt wieder”, sagte mir einer von ihnen eines Tages, einer, dem die Spanier ein Auge ausgeschossen hatten.

„Er kommt wieder”, hieß es bald von allen Seiten, als wenn er mit seinen alten Soldaten in geheimer Verbindung stünde.

Und er kam wieder, - allerdings nur, um noch tiefer gestürzt zu werden.

Ich aber blieb daheim!

Mittlerweile marschierte unsere Landwehr nach Frankreich, und es wurde der Landsturm errichtet, in dem ich zum Unteroffizier und Instrukteur zum Einüben der Mannschaften bestimmt wurde. Nachmittags um 05.00 Uhr hingen die Bauern den Dreschflegel an den Nagel - es war im Saatkorndreschen - und eilten dem Exerzierplatze zu. Es fehlte auch nicht einer. Durch diesen Eifer gelang es mir bald, die Kompanie dahin zu bringen, dass wir großes Lob ernteten.

Kam das Bataillon im Städtchen zusammen, so ließen unsere Offiziere, die alle drei Geld genug hatten, jedem einen Schnaps und eine Semmel reichen, und zwar vor dem Städtchen, wo die Ortschaften unserer Kompanien sich versammelten. Die Bauern bewiesen einen solchen Eifer bei diesem Exerzieren, dass der, der es nicht gesehen hat, es unmöglich glauben kann.

Am 05.Mai 1816 wurde ich zum Leutnant bei der 5.Kompanie im 16.Bataillon der Bürgermiliz ernannt. Aber noch in demselben Jahre wurde diese Bürgermiliz aufgelöst und mein Leutnantdienst hatte ein Ende.

Im Herbste desselben Jahres saß ich im Städtchen bei den Geschwistern Kuhn in der Hundsgasse und trank ein Glas Bier. Da trat ein preußischer Unteroffizier ein und ließ sich auch eins einschenken. Er spazierte, während er trank, in der Stube auf und ab. Einen seiner weißledernen Handschuhe hatte er angezogen, mit dem anderen spielte er. Indem er nun so auf und ab ging, waren seine Augen auf mich gerichtet, was mich ärgerte. Und weil der Franzose dazumal noch nicht ganz bei mir ausgezogen war, so sagte ich:

„Herr Unteroffizier, ich bitte mir aus, dass Sie mich nicht so aufs Korn nehmen; denn ich habe weder gestohlen noch gemordet, bin auch kein Ausreißer und nicht steckbrieflich verfolgt."

„Bitte um Verzeihung, mein Freund", entgegnete er, „es scheint mir, dass ich Sie schon früher gesehen habe, und je länger ich Sie betrachte, desto einleuchtender wird es mir."

Er fragte mich nun: „Sie haben wohl im französischen Heere gedient?"

„Des kann ich mich rühmen", antwortete ich, „und bin stolz darauf."

„Haben Sie nicht im französischen Infanterie-Regiment Nr.150 gedient?", fuhr er fort.

„Zu dienen, mein Herr", war meine Antwort.

„Sind Sie nicht am 02.Dezember in Neuss bei Tagesanbruch von den Preußen gefangengenommen worden?"

„Leider! Und zwar gegen meinen Willen!", rief ich.

„War es nicht unterhalb der Kirche, und waren Sie nicht Unteroffizier?"

„Beides wahr" versetzte ich.

„Nun denn, mein Bester, reichen Sie mir Ihre Hand. Ich war es, der Sie hinten beim Taschenriemen ergriff und zum Gefangenen machte."

Jetzt war Polen auf. Wir tranken noch eine Flasche Wein zusammen und waren von der Stunde an gute Freunde.

Im Herbste 1817 kam ich nach Chümbdchen als Winterschullehrer. Ich meldete mich aber auch bei der Königlichen Regierung, um meine Prüfung zu machen. Ich erhielt darauf unter dem 18.Oktober folgende Aufgaben, die als Vorarbeiten zur Prüfung auszuarbeiten waren:

1. Eine Geschichte meines geführten Lebenswandels.
2. Welches sind die eigentümlichen Freuden und Leiden des Schullehrerstandes? Wie kann und soll ein Schullehrer die ersteren benutzen und die letzteren ertragen und sich dabei trösten?

3. Wie ist das religiöse Gefühl in den Kindern zu erwecken?
4. Wie ist der Schreibunterricht am zweckmäßigsten einzurichten?
5. Welche Methode ist beim Rechnen die Beste? Wenn man mit dem schriftlichen Rechnen anfängt und das Kopfrechnen darauffolgen lässt oder umgekehrt oder wenn man beide zugleich anfängt und treibt?

Mit diesen Ausarbeitungen sollte ich am 09.November bei Herrn Konsistorialrat Schulze erscheinen. Ich nahm mir nun Bleifeder und Papier und suchte, wie der Abt von St.Gallen, die einsamen Orte, dass heißt, ich ging in Gottes schöne und freie Natur, in Hain und Wald, wo man am besten zu solchen Arbeiten gestimmt wird, um die Fragen zu beantworten.

An dem dazu bestimmten Tage reichte ich meine Ausarbeitungen ein, welche Herr Schulze lobte; besonders auch meine Handschrift fand Anerkennung. Er entließ mich mit der Einladung, am anderen Morgen um 08.00 Uhr bei ihm zu erscheinen, wo ich noch etliche 20 Kameraden antraf. Er ging mit uns in das Regierungsgebäude und führte uns in ein Zimmer, in dem für jeden ein besonderes Tischchen mit Schreibmaterial bereitstand. Hier gab er mit ein Quartblatt Papier mit den Worten:

Hier sind 13 Fragen schriftlich zu beantworten. Sie werden die Güte haben und dieselben den übrigen diktieren. Ich setze voraus, dass sich jeder Mühe geben wird, sie so gut zu beantworten, als es im nur möglich ist. Darüber soll Weinbrenner Aufsicht führen."

„Holla", dachte ich bei mir selbst, „das ist eine Ehre für uns beide."

Mehrere Fragen sind mir entfallen. Nur der folgenden entsinne ich mich noch:

1. Aus welchen Gründen hofft die Vernunft, dass die Seele nach dem Tode fortlebt und was lehrt das Christentum von der Unsterblichkeit?
2. Wo entspringt der Rhein, welche Nebenflüsse hat er und wohin ergießt er sich?
3. Welchen Nutzen hat die Kenntnis der heimatlichen Gegend für das bürgerliche Leben?
4. 3 verhält sich zu 5 wie 7 zu was?
5. Was für Männer sind in dem gegenwärtigen Zeitraum wichtig?
6. Wie ist Kindern das Lesen am leichtesten beizubringen, nach der Buchstabier- oder nach der Lautiermethode?

Als ich fertig mit Diktieren war, gab es ein Federkratzen ohnegleichen. Alle schrieben, der größte Teil zwar, ohne zu wissen, was sie schrieben. Ja, es waren solche darunter, die nicht einmal auf das Diktieren nachschreiben konnten. Ich ließ sie schreiben, legte mich ganz ruhig in ein Fenster, welches die Aussicht auf den Rhein hatte und überdachte meine Fragen, eine nach der anderen.

Unterdessen trat Herr Schulze ins Zimmer, um nachzusehen. Als er zu mir kam, sagte er: „Nun, Sie haben ja noch gar nichts gearbeitet?"

„Verzeihen Sie, Herr Schulrat, ich denke zuerst, dann schreibe ich", war meine Antwort.

Im Weggehen sprach er so für sich: „Lässt sich hören, nicht übel."

Um 01.00 Uhr fing ich an zu schreiben, und um 04.00 Uhr war ich fertig. Der größere Teil schrieb noch bei Licht. Endlich kam der Schulrat und nahm die Ausarbeitungen weg, sie mochten fertig sein oder nicht. Wir wurden auf den anderen Morgen 08.00 Uhr wieder zu ihm bestellt.

Er führte uns am Morgen in die untersten Klassen des Gymnasiums, wo wir unsere Kunst im Unterrichten zeigen sollten, endlich zu den Seminaristen, wo katechiert und gerechnet wurde. Auch kam der Professor Hünten und prüfte unsere musikalischen Fähigkeiten. Das war mein schwächstes Fach. Doch weil er mich sehr gut kannte, kam ich doch gut weg.

Als die Reihe an mich kam, sagte er: „Ich weiß ja genau, wie weit Sie sind", und so kam ich gar nicht an den Flügel.

Nachmittags gingen wir zu ihm in seine Wohnung, wo er uns mündlich prüfte. Besonders die Reformationsgeschichte, die Geographie und die Naturgeschichte wurden stark durchgenommen.

Infolge dieser Prüfung erhielt ich unter dem 26.November folgendes Schreiben:

„Da der Jakob Röhrig aus Neuerkirch, Kreis Simmern, in der mit ihm angestellten schriftlichen und mündlichen Prüfung gezeigt hat, dass er in den für die Volksschulen vorgeschriebenen Lehrgegenständen einen befriedigenden Grad der Kenntnisse und Fertigkeiten besitzt, und da sich zugleich von ihm eine überlegte Anwendung und Mitteilung der erworbenen Kenntnisse erwarten lässt, so wird er unter die Zahl der hinlänglich befähigten evangelischen Schuldienst-Exspektanten hierdurch aufgenommen.

Koblenz, am 26.November 1817.
Lebens. Schulze. Milz."

Am 30.Mai 1818 wurde ich meinem Vater als Gehilfe beigegeben und zwar mit dem Rechte der Nachfolge.

Meines Vaters Schwester, die seit meiner Mutter Tode deren Stelle bei uns vertrat, war indessen alt geworden, und meine jüngste, noch ledige Schwester verheiratete sich; und was war die Folge? Nichts anderes, als dass mein Vater zu mir sagte: „Jetzt ist keine andere Wahl für Dich als: Du musst heiraten."

Aber wen? Das war der Knoten, der schwer aufzulösen war.

Dreierlei war es, was ich ganz besonders im Auge hatte:

Erstens wollte ich keine zur Frau nehmen, der ich ein Magd oder gar ein Kammermädchen halten müsste, sondern ich verlangte eine, die Küche-, Stall-, Garten- und Feldarbeit selbst zu verrichten imstande wäre;

zweitens verlangte ich, dass sie Witz und Knix besäße, damit ich auch in einer ordentlichen Gesellschaft mit ihr bestehen könnte, endlich,

drittens, dass sie in der Schule leicht und gut gelernt hätte, um in der Hoffnung leben zu können, dass sie mir keine dummen Kinder zur Welt bringen werde.

Dass darauf viel ankommt, darüber habe ich hinlängliche Erfahrungen in der Schule gemacht.

Nun hatte unser Nachbar ein Mädchen, dass mir als Kandidatin vorgeschlagen wurde. Dass dieses die beiden ersten Eigenschaften an sich trug, darüber war ich im reinen; nur der letzte Punkt war noch zu untersuchen. Ich hörte aber von dem Nachbarhause, dass das Mädchen am anderen Tage nach dem eine und eine halbe Stunde entlegenen Städtchen Kastellaun gehen sollte.

Diese Gelegenheit benutzte ich und gesellte mich unterwegs zu ihr unter dem Vorwande, auch nach diesem Städtchen gehen zu müssen, worauf sie erwiderte: „So können wir ja einander Gesellschaft leisten.”

Wir sprachen von diesem und jenem. So kamen wir endlich auch auf die Schuljahre zu sprechen. Sie erzählte mir ganz treuherzig, wie sie am Napoleonstag 1811 ein schönes Buch als Auszeichnung bei der Prüfung erhalten hätte. Auch hätte sie noch vom Pfarrer einen Sechsbätzner bekommen; überhaupt hätte ihr das Lernen keine Mühe gemacht. Somit war also auch der dritte Punkt erledigt und gut ausgefallen. Wir machten auch die Rückreise zusammen, ohne dass sie im geringsten etwas von meiner Spekulation merkte. Jetzt noch gehe ich nie über den Fleck, wo ich mich zu ihr gesellte, ohne daran zu denken.

Die Heirat kam zustande. Am 08.September 1820 standen wir vor dem Traualtar, und heute noch bin ich sehr wohl mit der von mir getroffenen Wahl zufrieden. Nur das ist das Übelste bei der Geschichte, dass ich mir ein junges Mädchen mit dicken, roten Wangen nahm und jetzt eine alte Frau daraus geworden ist, die die Zähne und die blühenden Wangen verloren hat. Das musste auch Salomo erfahren haben, als er sprach: „Es ist alles eitel.”

Als mein Vater am 24.Januar 1824 starb, wurde ich definitiv angestellt und erhielt von der Königlichen Kirchen- und Schulkommission unter dem 08.Juni 1824 folgendes Anstellungsdekret:

„Dem bisherigen Schulvikar Jakob Röhrig zu Neuerkirch wird nunmehr die durch das Ableben seines Vaters erledigte dortige evangelische Schulstelle definitiv übertragen, er in alle damit verbundenen Besoldungen, Emolumente und Nutzungen eingewiesen und von ihm gewärtig, dass er, wie bisher, auch künftig seinem wichtigen Amte mit Fleiß, Eifer und Treue so vorstehen werde, wie er es vor Gott und seinem Gewissen verantworten kann.

Koblenz, am 08. Juni 1824.
Cunz. Hoestermann. Lange."

Bei alledem vergaß ich aber auch meinen Freund und Wohltäter Hofmann aus Haynau nicht. Da eben bei einem Herbstmanöver Soldaten hier einquartiert waren, die nach beendigtem Manöver nach Schlesien marschierten, gab ich diesen einen Brief mit, in dem ich ihm für die mir erwiesenen Wohltaten dankte und ihn dem barmherzigen Samariter zur Seite stellte. Weil aber diese Soldaten nicht nur Haynau kamen, war dieser Brief lange auf der Reise. Er kam aber endlich doch an, und es wurde mir folgende Antwort zuteil:

„Haynau, am 23. Mai 1819.

Hochwohlgeborener Herr! Hochgeschätzter Freund!

Ihr mir so kostbares gütiges Schreiben, schon vom 22. November 1818 datiert, erhielt ich erst am 05. Mai 1819 wohlversiegelt, ungeachtete es ein halbes Jahr auf der Tour und in sehr vielen Händen gewesen war. Herzliches Vergnügen und große Freude haben Sie, Werter, mir und meiner Frau mit Ihrem angenehmen Schreiben verursacht. Wir haben es mit Freudentränen gelesen. Doch überhäuften Sie uns äußerst mit dankbaren Worten. Obzwar wir uns überzeugt fühlen, Ihre damalige Lage der körperlichen Kriegsleiden vom 24. Mai 1813 durch unsere Teilnahme an Ihren Schmerzen sehr ertragbar gemacht zu haben, so verband uns auch göttliche und menschliche Liebe hierzu, und wir erfüllten diese Pflicht sehr gerne an Ihnen, weil Ihr Schmerz und schönes Benehmen unsere tätigste Hilfe und Achtung erheischten.

Wir wünschen nun sehnlich, dass Sie dermalen keine Nachspuren damaliger Krankheit mehr empfinden, sondern höchst gesund sind und bis zum Abschied aus der Welt auch bleiben mögen. Nun schließlich unseren innigen Dank noch dafür, dass Sie unser Haus und Habe während der Schreckensperiode so edelmütig in Schutz nahmen und sich mit eigener Gefahr für uns als Retter aufwarfen. Wären Sie nur zehn Meilen von hier, wir würden Sie persönlich aufsuchen und Ihnen den höchsten Segen des Allmächtigen mündlich wünschen, herzlicher, als es eine stumpfe Feder vermag. Leben Sie stets in Ihrem Schulamte so glücklich, als es Ihr edler und redlicher Charakter verdient. Sollte einer von meinen abwesenden Söhnen Sie treffen, so würden wir uns darüber ebenso sehr freuen als der Sohn selbst. Leben Sie ewig glücklich! Behalten Sie uns ferner lieb! Empfehlen Sie uns Ihren edlen Anverwandten und genießen Sie ungestörte Gesundheit und innere Herzensruhe bis zum Todestage. Unsere frommen Wünsche werden Sie stets begleiten, denn wir sind laut Ihrer Überzeugung gewiss mit Liebe und Verehrung Dero ganz ergebenste Freunde.

Hofmann nebst Frau und Familie."

Im Jahre 1826 am 09.Juli, an einem Sonntagmorgen, als ich von dem Aufziehen der Kirchenuhr zurückkam, stand ein junger, schön gekleideter Mensch in der Stube, grüßte mich sehr herzlich und fragte: „Habe ich die Ehre, hier den Herrn Schullehrer Röhrig zu sprechen?"

Auf meine Antwort „Ja!" sagte er viele herzliche und schöne Grüße von Vater und Mutter, und es würde sie sehr freuen, wenn er mich gesund anträfe. Ich stand da wie versteinert und dachte: „Welch ein Gruß ist das?" Als ich ihn fragte, wer er denn eigentlich wäre, griff er in die Tasche, zog einen Brief hervor, in dessen Adresse ich meine Handschrift erkannte, und in dem Augenblicke rief ich auch aus: „Sie sind gewiss ein Hofmann aus Haynau!", was er mit „Ja!" beantwortete. Welche Empfindungen in diesem Augenblick mein Innerstes durchdrangen, vermag ich mit der Feder nicht zu beschreiben.

Es war eben an diesem Tage Kirmes in unserem Nachbarorte, da wollten wir, nachdem wir nach dem Gottesdienste das Mittagsmahl eingenommen hatten, voller Freude, umgeben von der Familie, zusammen hin. Oh, welcher Tag war das für mich! Welcher Erinnerungen tauchten in meiner Seele auf! Ein solches Vergnügen werde ich wohl diesseits nicht mehr genießen. Alle Einwohner meines Ortes, alle meine Verwandten und Bekannten nahmen Anteil an meiner Freude, weil ihnen die Ursache unserer Freundschaft bekannt war. Wie oft stießen wir zusammen an und brachten der Familie Hofmann ein Lebehoch! Wie oft hörte man die Worte: „Der Herr Hofmann soll leben, seine Gemahlin daneben, es lebe das ganze Hofmannsches Haus, worauf trinken wir unsere Gläser aus!"

Des Abends gingen wir munter und fröhlich nach Hause! Am anderen Morgen um 09.00 Uhr reiste er wieder ab. Nach seiner Abreise schrieb ich folgenden Brief an seine Eltern:

„Neuerkirch, am 14.Juli 1826

Mein lieber Herr Hofmann, mein Wohltäter, mein Freund!

Am 09.Juli, also am vorigen Sonntag, war meinem Hause Heil widerfahren; denn ich genoss mit den Meinigen das Vergnügen, Ihren Sohn bei mir zu sehen. Welche Freude mir und meiner Familie dieser Besuch gewährte, bin ich nicht imstande mit der Feder zu beschreiben. Die von Ihnen in so reichem Maße genossenen Wohltaten stellten sich meiner Seele wie vor 13 Jahren hin. Alles glaubte ich vor mir zu sehen.

Nur zu kurz war leider die Zeit, während welcher diese himmlische Freude uns gewährt war, denn mit aller Mühe und durch vieles Zureden gelang es mir, ihn nur bis den anderen Morgen 09.00 Uhr in unserem Familienkreise zu halten. Er eilte seinem Berufe nach.

Bester Vater! Teure Mutter! Einen Sohn haben Sie in die Fremde geschickt, der Ihnen Ehre macht. Eltern, die solche Kinder haben, können stolz darauf sein. Jeder- mann liebte ihn, und noch lange wird von ihm, seiner Anmut und seinem Anstand gesprochen werden. Ach, bester Herr

Hofmann, wären Sie auch noch zugegen gewesen, so würde unsere Freude noch ums Tausendfache erhöht worden sein.

Was meine Familie anbelangt, so habe ich eine brave Frau und zwei Kinder, ein Söhnchen von beinahe fünf und ein Töchterchen von zwei und einem halben Jahre. Meine Mutter hat schon mit 31 Jahren und mein Vater seit zwei und einem halben Jahre das Zeitliche mit dem Ewigen gewechselt. Übrigens steht es mit uns allen, die wir noch am Leben sind, sehr wohl.

Ach, bester Freund! Erinnern Sie sich vielleicht nicht mehr so lebhaft, was Sie an mir, einem armen, kranken, ausgehungerten feindlichen Soldaten, getan haben, wie Sie beschäftigt waren, mir Tee und Biersuppe mit Kümmel in Ihrem Kamin zu kochen?

Ach Dank, Dank, bester Freund, Dank dafür! Ja, die Asche meines Vaters und meiner Mutter ruft mir vom Friedhofe herab zu, Ihnen in ihrem Namen zu danken. Die Geschichte ist in mein Hausbuch niedergeschrieben, und Kinder und Kindeskinder werden Ihnen auch dann noch danken, wenn schon der Dank über Ihre Grabhügel hinwegschallt. Ja, guter Gott, hast Du mir gegeben solche Freunde, Dank sei Dir! Lass sie lang und glücklich leben, und erhalte Sie mir! Vergelten kann ich es nicht, oh Gott, drum dringe mein brünstiges Gebet zu Dir, und was sie wünschen, das gelinge, denn, Herr, sie taten wohl an mir. Auf alle komme Freud' herab, die Freude gibt und Freude gab. Umsähe sie mit Deiner Güte und Deiner Huld, verlass sie nie, sei stets ihr Helfer und behüte sie vor Widerwärtigkeiten, und trifft sie doch Gefahr und Schmerz, so tröste und heile bald ihr Herz! Im Tode nimm sie mit Erbarmen zu Deines Reiches Erben an! Sie haben, als sie lebten, Armen mit Deinen Gaben wohlgetan! Drum steh' ich, Herr, vor Deinem Thron, groß, herrlich, ewig sei ihr Lohn! Amen!

Ja, mein lieber Herr Hofmann, mein treuer Freund! Einst wird die Stimme des Weltenrichters an Sie ergehen: Komm, getreuer Knechte, ererbe meines Vaters Reich, komm an meine Rechte! Was Du meinen Brüdern gabst in dem Erdenleben, sie zu trösten, alles hast Du auch mir gegeben.

Zum Schlusse seien Sie noch von uns allen herzlich gegrüßt. Leben Sie alle noch recht lange ge-sund und froh!
Der kleine Sergeant-Major von den Voltigeurs mit dem roten Moustache und dem roten Backenbart."

Nachwort

30 Jahre waren dahingegangen. In ernster, treuer Arbeit hatte der alte Sergeant-Major Napoleons I., jetzt ein guter Preuße, ein treuer Deutscher, wie er es in seinem Herzen schließlich immer gewesen war, als Dorfschullehrer der Jugend gedient und eine Fülle von Kenntnissen verbreitet, die über das gewöhnliche Maß weit hinausgingen.

So hat er französischen Unterricht erteilt und seine Dorfgenossen in der Obstbaumzucht und in der Vermessungskunst unterrichtet, dass sie ohne fremde Hilfe ihre Fluren parzellieren konnten. Auch trieb er mit den Schülern landwirtschaftliche Berechnungen und Zins- und Teilungsrechnung, soweit sie nötig war. Vor allem aber hat er der kindlichen Gespensterfurcht der Leute Einhalt geboten, von der sie, Alte wie Junge, Männer wie Frauen, geplagt wurden. Hier saß auf der Brücke ein altes Weib mit Augen wie ein Pflugrad. Dort trieben sich Hunde mit glühenden Schwänzen herum. Hier trug ein Mann in dem Wiesengrunde eine eiserne Egge, die er gestohlen hatte, in Ewigkeit umher. Dort bewachte ein feuriger Hund eine Geldkiste.

Alle diese alteingefleischten abergläubischen Vorstellungen hat er zerstreut und einen gesunden, fröhlichen starken Glauben an Gott den Vater, den Allmächtigen, den Schöpfer und Erhalter, gelehrt.

In jedem Frühjahr wurde das große Schulexamen abgehalten, zu dem die Lehrer und Pfarrer der Nachbarschaft erschienen. Das war allemal ein Festtag. Der Schulsaal war mit Kränzen geschmückt, die Kinder sonntäglich gekleidet.

Wenn dann nach des Tages Last und Hitze der Schulinspektor Superintendent Back, ein alter Lützower, mit den Lehrern und Leuten bei dem von der Gemeinde gespendeten Biere saß, dann kam es wohl vor, dass „Lützows wilde, verwegene Jagd" und gleich darauf die „Marseillaise" gesungen wurde, und der eine von den unvergleichlichen Heldentaten der Preußen und der andere von dem großen Napoleon sprach.

Es war einige Jahre vor seiner Pensionierung, da zog es den alten Veteranen noch einmal an die Stätten seiner Jünglingserlebnisse. Zu Fuß wanderte er nach Koblenz.

Kaum angekommen, besuchte er alle ihm denkwürdigen Stätten, die Müdigkeit der langen Wanderung rasch überwindend. Er fand vieles verändert. Manches aber war genau so wir vor 30 Jahren. Der letzte Gang galt dem Kirchhof am Fuße der Kartause. Mit ernsten Gedanken stand er vor dem Denkmal der unter Napoleon gefallenen Krieger. Er las manchen bekannten Namen. Die Grabsteine der zwei Personen, die ihm am liebsten waren, fand er nicht. Aber ihr Bild trat lebhaft vor seine Seele. Er saß unter einer Trauerweide auf einem bemoosten Stein und ließ in der Kirchhofstille das schönste Stück seines Lebens vorübergehen.

Ein kühler Luftzug aus dem Moseltal und der über der Feste Ehrenbreitstein aufgehende Mond schreckten ihn erst aus seinen Träumereien auf. Bewegt erhob er sich. Unwillkürlich nahm er die Mütze vom Haupte, und leise kamen die Worte des Gesangbuches über seine Lippen:

Heil'ge Ruhestätte, wenn ich dich betrete, sprech ich: Herr, mach Ende!
Treuer Vater, sende Deinen Friedensboten! Selig sind die Toten.

Hier ruht der Verjagte, hier hat der Geplagte, nach den bittern Stunden seinen Hafen gefunden.
Auf den Tränenregen wird das Grab sein Segen.
Mache, Gottesacker, meine Seele wacker, dass ich mein Geschicke nach dem Tode erblicke und mein Nichts im Grabe stets vor Augen habe.

Fünf Jahre später trat der Alte in den wohlverdienten Ruhestand. Seine Pension sollte eigentlich nur 30 Taler im Jahre betragen. Aber die aus zwei Dörfern bestehende Schulgemeinde verdoppelte den Betrag ihrem Lehrer, Küster, Kantor und Glöckner, der ihr über 30 Jahre treu gedient hatte.

Eine besondere Freude erlebte der alte napoleonische Soldat, als ihm die französische Regierung im Jahre 1854 seinen Schuldschein über den noch rückständigen Sold aus den Kriegsjahren mit Zins und Zinseszins einlöste, und ihm auch eine Pension zahlte, die ihm manche drückende Sorge wegnahm.

Im Jahre 1856 schloss er seine Augen. Mit lauter Stimme hört man ihn in der Todesnacht beten:

Ach Gott und Herr, wie groß und schwer sind meine vielen Sünden!
Zu Dir flieh ich, verstoß mich nicht, wie ich es hab' verdienet!
Ach, geh' doch nicht, Gott, ins Gericht, Dein Sohn hat mich versühnet.

Sein Leichentext war der Schluss des 92.Psalms:

„Der Gerechte wird grünen wie ein Palmbaum, er wird wachsen wie eine Zeder im Libanon. Die gepflanzet sind in dem Hause des Herrn, werden in den Vorhöfen unseres Gottes grünen. Und wenn sie gleich alt werden, werden sie dennoch blühen, fruchtbar und frisch sein, dass sie verkünden, dass der Herr so fromm ist, mein Hort, und ist kein Unrecht an ihm."

Ob er jetzt auch unter denen ist, über die nachts um die zwölfte Stunde, wenn der Tambour sein Grab verlässt und den Wirbel in der Runde schlägt, auf den elysischen Feldern der tote Cäsar die Parade hält?

.*.

Anlage zum Text

Kurzgeschichte des 150.französischen Linieninfanterie-Regiments[64]

Das Regiment wurde am 12.Januar 1813 aus dem Ersten Bann der 68., 69., 80. und 81.Kohorte der Nationalgarde aufgestellt.

Während des Feldzugs 1813 in Deutschland und 1814 in Frankreich nahm es an folgenden Schlachten und Gefechtshandlungen teil und hatte die folgenden Verluste an Offizieren:

- Schlacht an der Katzbach, 27./28.August 1813:
Lagarde, Lieutenant Adjutant-Major - gefallen,
Petit, Lieutenant - verwundet, er verstarb am 07.November,
Maus, Sous-Lieutenant - verwundet, er erlag später seinen Wunden,
Morin, Chef de Bataillon - verwundet,
de Geyer d'Orth, Capitaine Adjutant-Major - verwundet,
Ginestet, Sous-Lieutenant - verwundet,
Lougnon, Sous-Lieutenant - verwundet,
Matthieu, Sous-Lieutenant - verwundet,
Carré, Lieutenant - verwundet,
Dupré, Sous-Lieutenant - verwundet,
Collon, Chirurg Sous-aide-chirurgien - verwundet.

- bei der Deckung des Rückzugs nach der Schlacht an der Katzbach am 28.August 1813:
Lambelin, Capitaine - verwundet,
L'Heureux, Sous-Lieutenant - verwundet.

- bei einer Aufklärungspatrouille nahe Bischofswerda:
Herberg, Capitaine - verwundet.

- im Gefecht von Bischofswerda am 13.September 1813:
Puységur, Lieutenant - gefallen,
Destourelles, Sous-Lieutenant - gefallen,
Simon, Sous-Lieutenant - verwundet.

- bei einem Gefecht nahe Dresden am 15.Oktober 1813:
Bonenfant, Lieutenant Adjutant-Major - verwundet.

---

64 Quelle: „*Tableaux par Corps et par Batailles des Officiers tués et blessés pendant les guerres de l'Empire 1805 - 1815*" par Aristide Martinien. Paris: Ed. militaires européennes, 1985.

<u>- in der Schlacht bei Leipzig am 16. und 18.Oktober 1813:</u>
Crapez, Capitaine - gefallen am 16.Oktober,
Jacquemin, Lieutenant - gefallen am 16.Oktober,
Benoist, Capitaine - verwundet am 16.Oktober, er verstarb später,
Lefèvre, Lieutenant - verwundet am 16.Oktober, er erlag am 06.November seiner Verwundung,
Dereix, Colonel - verwundet am 16.Oktober,
Roblet, Capitaine - verwundet am 16.Oktober,
Laynay, Capitaine - verwundet am 16.Oktober,
Schwartz, Capitaine - verwundet am 16.Oktober,
Glinski, Lieutenant - verwundet am 16.Oktober,
Goguely, Capitaine - verwundet am 16.Oktober,
Lacroix, Chef de Bataillon - verwundet am 18.Oktober,
Defaut, Chef de Bataillon - verwundet am 18.Oktober,
Julien, Capitaine - verwundet am 18.Oktober,
Maréchal, Lieutenant - verwundet am 18.Oktober.

<u>- bei der Verteidigung von Neuss am 02.Dezember 1813:</u>
Buchs, Sous-Lieutenant - gefallen.

<u>- während der Verteidigung von Maastricht am 09.März 1814:</u>
Laurent, Lieutenant - verwundet.

Das 150.Linieninfanterie-Regiment wurde schließlich durch ein Dekret vom 12.Mai 1814 aufgelöst.

Inhaltsverzeichnis

Verlagswerbung

Im Fachverlag AMon - Alexander Monschau - sind bislang folgende Bücher erschienen, bzw. sind in der Vorbereitung:

AMon00001: Des Nürnberger Feldwebels Joseph Schrafel merkwürdige Schicksale im Kriege gegen Tirol 1809, im Feldzuge gegen Russland 1812 und in der Gefangenschaft 1812 - 1814. Von ihm selbst geschrieben.
Softcover, 19 Zeichnungen, 3 Farbtafeln, 100 Seiten 11,95 €

AMon00002: Förster Flecks Erzählung von seinen Schicksalen auf dem Zuge Napoleons nach Russland und von seiner Gefangenschaft 1812 - 1814.
Softcover, 2 Uniformseiten, 84 Seiten 12,95 €

AMon00003: Ein Waterlookämpfer. Erinnerungen eines Soldaten aus den Feldzügen der königlich deutschen Legion von Friedrich Lindau, ehemaliger Schütze des 2.leichten Bataillons, Inhaber der Guelphen-, der Waterloo- und der bronzenen Verdienstmedaille.
Softcover, 1 Zeichnung, 2 Uniformseiten, 132 Seiten 12,95 €

AMon00004: Als freiwilliger Jäger bei den Totenkopfhusaren. Siebzehn Jahre Leutnant im Husaren-Regiment Blücher. Erzählungen aus Kolberger Ruh- mestagen, aus dem deutschen Befreiungskrieg, aus einer kleinen pommerschen Garnison und von der Grenzwacht gegen den polnischen Aufstand 1831.
Softcover, 2 Zeichnungen, 182 Seiten 14,99 €

AMon00005: In Vorbereitung

AMon00006: Seltsame Schicksale eines alten preußischen Soldaten. Die höchst merkwürdige Lebensgeschichte des noch als Postmeister zu Ueckermünde im Königlich Preußischen Postdienst stehenden ehemaligen Premier-Lieutenants, zuletzt im 13.Infanterie-Regiment Friedrich Wilhelm Beeger.
Softcover, 1 Karte, 2 Uniformtafeln, 148 Seiten 14,95 €

AMon00007: Erlebnisse in dem Kriege gegen Russland im Jahre 1812 vom Landbereuter Franz Krollmann, damals Musiker beim 3.westfälischen Chasseur-Bataillon. In Vorbereitung

Verlagswerbung